あなたの人生が
突然輝きだす
魂《たましい》のしくみ

精神科医
越智啓子

青春出版社

はじめに

この本を手にとってくださって本当にありがとうございます。

きっと懐かしい魂のご縁があるのだと思います。どこかの時代にご一緒だったかもしれません。

タイトルのように、「魂のしくみ」について、きっとあなたの人生が突然輝きだすようなヒントがいっぱい詰まった本になったと思います。

今まで、クリニックでたくさんの方々と魂のご縁があって、様々な癒しをしてきました。講演会で愛と笑いの話やワークをして、みなさんの意識が突然変わって笑顔になっていくのを見ていると、私もうれしくなって元気をいただけます。

「なぜ、うまくいかないのかしら？」

「なぜ、こんなつらい目にあうの？」

「なぜ、今こんなことが起こるのかしら？」

といろいろ人生について疑問に思っている方も、「魂のしくみ」を知ることで、受け止め方が変わって気持ちが楽になってきます。

そして、自分自身に起きていることが絶妙なタイミングで起きていることに気づきます。

「私の人生、停滞したままだわ〜」

「今の自分では自信がわいてこない」

という方も、「魂のしくみ」を知るだけで、一瞬で世界観が変わり、自分らしく輝かせることができるようになります。

この本では、運命の変え方から恋愛や人間関係のヒント、心身の浄化や日々の生活の意味にいたるまで、「魂のしくみ」から見た生き方のヒントをたくさん紹介しています。

みなさんの人生に、この本のヒントが役に立ったらとてもうれしいです。

さらに輝いて、人生をもっと楽しんでもらえたらと思います。

魂の歴史から見ると、今回の人生は、とても盛りだくさんにいろんな時代の体験が散りばめられています。

それは、人間の本質である魂の総集編の時代に入ったからです。いろんな時代の思い残しをやりとげて、内面にある「本当の自分」は光、意識であることに気づいて軽やかになるときだからです。

自分の魂が計画した通りのことが起こるのだと、人生の深い意味に気づくと、生き方が変わり、今回のスペシャルな人生を堪能できます。

今まで私の本を読んでくださった方にも、そしてこの本からご縁ができた新しい読者の方にも、さらに人生が輝くためのヒントをお届けできたら、とても幸せです。

私たちは本来、光であり、意識であり、いろんな星で面白い体験を楽しんでいる星の旅人でもあります。

愛の星・地球で、変化に富んだスペシャルな時代を楽しみましょう！

それでは「魂のしくみ」を読む旅をお楽しみください！

あなたの人生が突然輝きだす

魂のしくみ

目次

はじめに…………3

PART 1

いい運命を引き寄せる「魂のしくみ」

あなたに起こるすべてのことに意味があります

「運命」は自分の言葉ひとつで変わります…………14
あなたの転機はベストタイミングで起こります…………21
本当にやりたいこと、好きなことが「天命」につながります…………29
だれでも素敵な愛に出会えるしくみになっています…………36
恋愛は自分を映し出す鏡です…………43
子どもがいる人生・いない人生も魂の歴史と関係があります…………50
「聖なる時間」を生きれば、年をとりません…………57

PART 2

心と体を癒す「魂のしくみ」

今の悩みや苦しみは、意識が変わるために必要なプロセス

心のブロックを解放すれば、新しい自分に出会えます……70
病気は、あなたの魂が計画した気づきのチャンスです……78
心身を整えると、エネルギーの流れがよくなります……91
あなたの本当の主治医はあなたです……96
ペットはあなたの癒しのパートナーです……105
「ひとり」を楽しむとインナーチャイルドが癒されます……110

PART 3

浄化するほど幸せが満ちてくる「魂のしくみ」

いらないものをスッキリとれば、本来の自分の輝きが見えてくる

熱や痛みは「体の浄化」、愛と笑いは「心の浄化」です……116
身体は宇宙の一部。自分のデトックスで、すべてが変わります……124
私たちの愛の祈りが、不安や恐怖心を解放します……129
自分の意識を「いま・ここ」に合わせましょう……133

PART 4

自分をキラキラにする「魂のしくみ」

内なるパワーに目覚め、光輝く自分になる

自分の「内なる光」に目覚めましょう……144
「地に足をつける」と、大地のエネルギーをキャッチできます……151
「パワースポット」で、あなたのエネルギーは共鳴します……159
今回の人生を「日本」に選んだ意味があります……166
あなたのエネルギーの状態は「顔」に表れます……172
「脳」を活性化して、新しい才能の扉を開きましょう……179
「楽しい仕事」は「楽しいお金」を引き寄せます……187
ローフードで「いのちのエネルギー」を取り入れましょう……194

セックスは人生のなかで大切なエネルギーです …………… 201
「旅」で自分の内からの輝きを引き出しましょう …………… 215
女性性の解放で、キラキラ輝きが増していきます …………… 221
スピリチュアルに生きるとは、ただ自然のリズムに合わせることです …………… 229

おわりに …………… 237

装丁・本文デザイン　諸橋智美

PART 1

いい運命を引き寄せる「魂のしくみ」

あなたに起こるすべてのことに意味があります

「運命」は自分の言葉ひとつで変わります

＊もうひとつの運命の意味

「運命」と聞くと、みなさんは何を連想しますか？

ベートーヴェンの交響曲『運命』の有名な出だしのフレーズが聞こえてきます。

ダダダダ～ン！

「これが私の運命だ！」「運命的出会いをしたい！」と何気なく私たちは、「運命」という言葉を日常生活で結構使っています。

ちょうど、私の代表作『人生のしくみ』（徳間書店）の文庫本がヒカルランドから出て喜んでいたころに、この「魂のしくみ」のタイトルが決まって、「しくみシリーズ」の不思議な「運命」にびっくりしました。

私たちは、今まで、その「運命」の意味を「自分ではどうにも変えることができない、すでに決まったもの」と思い込んできましたが、本当はどうも別の「運命の意味」があるようです。

今回は、すぐにみなさんの人生に役立つ情報、「魂のしくみ」の「運命」について、お話ししましょう！

「運命」とは、「超自然的な力に支配されて人に訪れるめぐりあわせ」が、普通の世間での解釈ですが、本当の意味は、「いのちを運ぶ」という字の如く、「自分がいのちを運ぶ」という主体性があって、人生の不思議な流れを表しています。

超自然的な力に「支配されて」はいなくて、「人生は自分の思いで創造している」にすぎないのです。そして、「自分の思い」がまさに「超自然的な力」を持っているのです！

『人生のしくみ』にも書いたように、生まれる前に、私たちは人生のシナリオ、プログラムを自分で書いてくるのです。そのプログラムに沿って、守護天使の応援のもとに、人生が展開していきます。その流れがまさに「運命」なのです。

私たちの表面意識は自分が書いたプログラムをすっかり忘れていますから、つい「どうして自分の人生はこんなにつらいのだろう！　不公平だ！」「こんな運命はもう嫌だ！」と天や神のせいにして文句を言ってしまいます。

その運命のもとになっている人生のシナリオを自分がかつて書いていたのなら、これは自己責任、すべて自分に原因があるのです。

しかも自分の思いで創り上げるのですから、もちろん変更もＯＫなのです。

そして、毎日の生活で自分が思っていること、口ぐせにしていることが、次々と実現していくのです。

みなさんは、自分のことで、自分の人生のことで、どんな口ぐせがありますか？

「私は、いつも恋愛がうまくいかない！」

「私は、いつも大事なときにへまをする！」

「私は、男性が苦手！」

「私は、薬を飲まないと、なかなか寝付けない！」

とマイナスの思い込みを自分で創って、繰り返しその現象を引き寄せていませんか？

私は、**たくさんのマイナスの思い込みを次々に解除して、プラスの思い込みをどんどん増やしていったら、今のようにどんどんいいことが続いて、夢が実現して、すべてがうまくいくように**なりました！

今では、新しい口ぐせを楽しんでいます。

「私は、必ず好きになった人を射止めるの！　恋愛はおまかせ！」

「私は、本番に強い！」

「私は、男性も女性も、とにかく人間が大好き！」

「私は、寝たいときに寝て、眠れないときは、好きなことをする！」

どうですか？　みなさんも、私のまねをしてみませんか？　運命がみごとに好転していきますよ！

＊「自分が自分をどう評価するか」が大事

私の大好きな宇野千代さんは、十代のころに自分の浅黒い顔に自信がなくて劣等感を持っていたのに、あるときふと思いついておしろいを塗ってみたら、とてもきれいに見えて、鏡を見ながら「私はきれい！」と何度も言ってみたそうです。そうしたら、本当にすっかり色白になり、その口ぐせを続けてとても美しい、恋多き、すばらしい人生を全うしました。

自分が自分をどう評価するかによって、それがまわりの反応となって状況を引き寄せていきます。

自分は「ついていない」といつも思っていると、その通りの「ついていない人生」を創造して引き寄せるのです。自分はついていると思いながら「ついてる」を口ぐせにすると、またそう言いたくなる現象を引き寄せるのです。

「ありがとう」の言霊も、体中の細胞たちにいい波動が寝ている間にも充満して、健康に

も運命にもいいのです！

私も、言霊パワーを使った元気が出る運動を少しずつ展開しています。

それは、**「すべてはうまくいっている！」**という、とても元気の出る言葉です。

どのように使っているかを、ご紹介しましょう！

「病気が治る」「うつ卒業！」と自分で決める

クリニックでのあるケースで、四年間うつ病の人がいらして、なかなか社会復帰できないとぼやいていました。

「たしかに、最初は心も体もへとへとでエネルギーが枯渇して、休養が必要でしたけれど、もう十分よ、あとは自分でうつをやめる決心をするだけ！」

と解説したら、

「え〜っ、自分で治るのを決めるんですか？」

「そうよ、**なんでも自分で選択して決めるのよ。それが私たちの『魂のしくみ』よ**」

「今までず〜っと、よくなるのを待っていたのですが、そういえば最近うつに飽きてきたな〜という気持ちが出てきました。そうか、自分で決めていいんだ。じゃあ、今からうつをやめます！」

とクリニックの目の前に広がる、青いキラキラの海に向かって、宣言（アファーメーション）をしました。

そして、抗うつ剤よりも効力の大きい言霊パワーの踊り「カニ踊り」を伝授して、一緒に「すべてはうまくいっている！」を繰り返し言いながら、両手でカニの爪のようにピースサインをして踊りました。もちろん、その方はとてもさわやかな笑顔になりました。

この笑い療法を兼ねたカニ踊りは、ヒーリングセミナーや講演会の最後にも、これで元気よく終わるようにしているのです。

「すべてはうまくいっている！」は、まさに「運命をよくする魔法の言葉」です。

この魔法の言葉は、三つの真実が前提になっています。

1　人生は自分の思いで創造している。

2　私たちは選択の自由をもっている。

3　人生の流れ、シナリオは自分で書いている、よって変更も可能。

どうです？　なんだかワクワクしてきませんか？

運命は偉～い神様が選択権を握っていて、私たち人間はしかたなくそれに従うものだと思い込んできた人には、これはびっくりのいい情報でしょう？

さあ、今から、自分の口ぐせや、マイナスの思い込みをチェックして、ウルトラ明るいプラスの思い込みに変えて、それを何回も、新しい口ぐせになるまで、声に出して宣言してみましょう！

突然意識が変わって、人生がバラ色に思えてきます。

運命をよくするのは、自分です。

魔法の言葉、「すべてはうまくいっている！」をカニ踊りしながら、しっかり潜在意識にインプットしましょう！

あなたの運命はハッピーエンドです！

あなたの転機はベストタイミングで起こります

「運命」と「宿命」の違い

いろんな本を読んでも、「宿命は変えられないけれど、運命は変えられる」と書かれています。

前にお話したように、「運命」は、「いのちを運ぶ」と書く一方、変えられないという「宿命」のほうは、「いのちが宿る」と書きます。どう違うのでしょうか？

運命は、どうもこれからどのように自分が行動するかで、未来が変わってくるような能動的な面を表現しているようです。

宿命は、すでに、過去に何をしたかによって、今が決まっているような受動的な面を表現しているようです。

クリニックで、いろんな方の人生を、魂の歴史を垣間見る役をさせていただいて感じることは、魂が自分で決めて、宿題のように人生のシナリオにしっかり書いてきたメインテーマは「宿命」として、守護天使も手伝って、予定通りに起きるようです。

あとで詳しく解説しますが、**だから今もっとも気になること、悩みはあなたの「魂の宿題」なのです。**


でも、それからそれをどのように捉えて、どんな愛の表現をするかは、その人の思い、愛の深さで変わってきます。変更も可能な部分が「運命」のような気がします。

そこに、私たちの選択の自由があるのだと思います。

全部が決まっていたら、つまらないからです。

私の人生の場合で解説すると、副腎の病気になることは「宿命」として決まっていたけれど、自分の選択でいろんな方に出会い、いろんな治療法に出合って、それをやってみたことで、主治医が治らないと断言したにもかかわらず、治ってしまったという「運命」があります。

その病気になるのは「宿命」だったけど、いろいろ努力して治ってしまったという「運命のダダダダ〜ン」にブラボーです。

病気のせいで、医師を目指して、医師になったのは「宿命」かもしれませんが、ユニークな精神科医になったのは、自分のいろんな選択の結果で、これは「運命」かもしれません。

つまり、「魂のしくみ」のいろんな面として、過去からの流れが「宿命」で、現在と未来への流れが「運命」と言えます。

クリニックには、自分の「宿命＝魂の宿題」を自力で九五％やり遂げた方がいらして、あとの五％を一緒に解説しながら解放して、バンザイ三唱を海に向かってしていきます。

この流れを選んで来たのも素敵な「運命」だと思います。

それを応援できる一役をやらせてもらえて、本当に光栄です。

大切な人への愛に気づいた瞬間、奇跡が起こる！

では、どうしたら今のうまくいかない状況が好転するのでしょうか？

普通の感覚で生きていたのでは、決して運命を変えることができないでしょう。

運命は変えられないと思い込んでいるからです。ここが大切なポイントです。

あなたの運命はいかがですか？

まず、シンプルに「運命は変えられると思うこと」です。信じることです。運命も変えられないと決めたら、それは人間の自由選択として、そのように決めたことになってしまいます。

「自分を、人生を、この世界をどのように思うか、捉えるかで、運命は大きく変わる」

と思います。

自分はとるに足らないダメな人間だと思えばそれまでで、変わらないまま人生を終えてしまうと思います。そんな人は、**人生がつまらないと思い、世界もつまらない世界と思って終わると思います。**

あの世に帰ったとき、「しまった、もっと人生を楽しめばよかった、とても小さな世界観を持って、そのなかで終わってしまった」と後悔して、すぐにまた生まれ変わってくると思います。「今度こそ！」とさらに頑張って、「自分の思いで運命を変えてみる！」と決めてくるのです。

運命は、自分で切り拓いていくもの、と思って前向きに主体的に人生を楽しむ姿勢で生きている人は、自然に宿命だった魂の宿題まですいすいと片づけて、あとはおまけのように自分の思い通りに人生を楽しんで、たくさんの思い出をつくって、次の人生の宿命まで楽しいものにセットできるかもしれません。

そして、人生で一番大切なものは、なんといっても「愛」だと思います。愛も運命を変えていきます。

愛の星・地球に何度も転生してきた意味が、ここに大きくあるのだと思います。

愛をどれだけまわりの人々に、まわりのいのちに、まわりのすべてのものに注ぐかにかかっていると思います。

すべてのものに愛をたっぷり与える人は、運命がどんどん明るいものに変わっていきます。

宿命でさえ、愛で変えることができると信じています。

宇宙の愛の法則で、愛がたっぷりあれば、過去にやった行いで、どうしても受けねばならない宿命もチャラになってしまうのではないでしょうか？　これはかなりお得です。

愛が奇跡を起こして、予想以上に思いがけない展開を生み出すことは、人々に深い感動を与えます。そのような人生がドラマになったり、歌になったり、小説の形で人々に感動を与えて、運命は変えられることを伝えてくれているのです。

深い愛で宿命を早く終わらせることができて、思いがけない展開で、まるでご褒美のように明るい人生に変わってしまったら、それは、間違いなく運命が変わった、好転したと思っていいと思います。

あなたの人生が突然輝きだす瞬間です。

六年間引きこもりだった女性が、クリニックの診療を受けて、魂のしくみがわかり、六年間支えてくれた母への感謝を表現したいと『ＮＨＫのど自慢』に出場して母の大好きな歌を熱唱しました。テレビを見て、彼女の突然の輝きにうれしいびっくりでした。すばらしい運命を自分で創り出しています。

同じく六年間引きこもりをしていた女性がはるばる沖縄まで必死にたどりついて診療を受けたら、アルバイトを始めました。

それもいきなりドイツに飛んだので、これまたびっくり！ **六年間の引きこもりによって、大きな勇気あふれる行動を起こすためのエネルギーを蓄積していた**のかもしれません。

お二人の運命的な行動に、引きこもりのウルトラプラス面を感じました。

そういえば、私も東京時代、過労で倒れて三年八カ月も自宅静養していたことがありました。阪神大震災をきっかけにクリニックを開設しましたから、同じように行動を起こすための充電期間だったのかもしれません。

運命が動き出すと不思議な流れを創ります。運命を楽しみましょう！

＊〝たまたま〟起こること＝魂の素敵な演出

運命は、自分で演出できるものだと思います。そして、そこには、「運」とあるようにタイミングが関与しているのではないでしょうか？

変化、変革のチャンスをねらっている人は、ベストタイミングを待っています。

それはまさに運命的な出会い、運命的な出来事が起きるスペシャルな体験です。これは、ドラマとして、人生の舞台では、すばらしいハイライトです。大きな盛り上がりの場面です。劇的な演出によって、ワクワクできるしくみになっています。

旅先で最愛の人に出会ったり、怪我をして入院して知り合ったり、道を間違えて迷い込んで情報をもらったり、予期しない出来事のあとに、運命的な演出が待っています。

普通ではない出来事が多いほど、運命を意識するチャンスが増えてくるのです。

「たまたまそこに行ったから」というときは、必ず、魂の演出で、自分が引き寄せているのです。そこからどのように展開するのかも、自分で創るようになっています。

運命を怖がらずに、自分の魂さんが演出した、人生のハイライトだと思って、楽しみましょう！

そう思うと、ワクワクしてきます。運命を楽しく受け止めることができます。

運命的な出来事を探して、いちいちちょっとオーバーに自己演出しましょう！

以前、インディアンの聖地、セドナのチャネラーに、「あなたは、南の島に移住するわ！」と言われたことがありました。その人は、「フィリッピンかもね！」と言っていたので信じなかったのですが、沖縄に移ってから彼女の言葉を思い出して、「これも運命かしら？」とびっくりしたことがあります。

自著『人生の癒し』の表紙にもなっている、大好きなカセドラルロックに登頂して、インディアンの儀式をしてきました。カセドラルロックから流れる聖なる川でも、インナーチャイルド（内なる子ども）が大喜びする川遊びをして、幸せいっぱいでした。帰りには、自分の過去生《かこせい》（前世、過去の人生）のインディアン時代の家、モンテズマ・キャッスルにも行きました。このインディアンの遺跡は、『サイキックドクター越智啓子の不思議クリニック』というコミックの最初に出てきます。精神世界に入るきっかけになった思い出深い場所です。

何度もそこへ行くのは、これも運命かもしれません。

運命的な出会いや旅を大いに楽しみましょう！　運命は楽しい！　ダダダダ〜ン！

本当にやりたいこと、好きなことが「天命」につながります

天は、はるか上空でなく自分の中にも

「運命」の次は「天命」についての話です。「運命」に続いて「天命」と来ると、さらに「魂のしくみ」は深まってきます。「天命」とは何でしょう？

「天が人間に与えた使命」という意味がよく使われると思います。

「人事を尽くして天命を待つ」は、よく耳にするフレーズですよね。これは、「目の前のことに集中して一生懸命に生きていると、必ず天は見ていて天が人間に与えた使命がわかる」

という意味だと思います。宗教的な意味合いを強く感じます。

私たちの概念も、運命や宿命や天命は人の力ではどうにもならない、まるで天や神様が決めたことのように思う傾向があります。

ところが、さらに深く「魂のしくみ」を探っていき、運命や宿命、そして天命も〝生ま

れる前の自分という意識が選んできているのだ〟とわかってくると、まさに〝自作自演〟という「魂のしくみ」の真髄が見えてくるのです。そして、誰のせいにもできない〝自己責任〟が自然に浮かび上がってきます。

「天命」の「天」には上空のはるかに上のイメージがありますが、地球が丸いので、よ～く考えてみると、はるか宇宙ということになってしまいます。

実はその**宇宙は自分の意識の奥深くにもあって、外の宇宙と自分の中の宇宙はつながっているのです。**

自分で感じたいときは、瞑想して意識を深く感じるとそこにも「天」を感じて、自然に「天命」「人生の目的」がじわっと感じられるようになります。

とくに瞑想をしっかりやらなくても、実は**毎日、魂から「直感」の形でメッセージが届いています。**

直感に従っていれば、自然に自分の書いたシナリオに沿って順調に生きていけるのです。

天命は遠い空の上ではなく、とても身近な心の中、魂が決めてきているのです。

＊「使命病」から脱皮して

アメリカの精神科医・ワイス博士の著書『前世療法』には、生まれる前に自分の人生のシナリオを書くとき、三人のマスターがアドバイスしてくれる、という部分があります。決してマスターたちは「こうしなさい」とは命令しないのです。あくまでも自分で選んで、自分で決めるという「選ぶ自由」があるのです。

素敵ですね！　そして、そのとき、マスターという先輩がそばにいて、アドバイスをしてくれるのも心強いですね。

東京のクリニック時代に、たくさんの女性が「今回の人生の使命は何でしょう？」とたずねに来ました。

そういう方は、人のために行動するのは得意なのですが、いざ自分のことになると、決められない、選べない、「自分のやりたいことをするのは、わがまま」と思ってしまうのです。

あるいは、二〇世紀までのなごりで、まだ宗教の影響が残っていて、とくにキリスト教を長らくやってきた魂の傾向は「使命病」になりやすいかもしれません。

あら、自分もそうだわと思われた方はぜひ、

「自分がやりたいと思ったことをやっていいのよ！」

「誰かに決めてもらうのはもうやめて、自分で人生を決めてみたら？　楽しいから！」

と、口ずさんでみてください。意識が変わり、楽しい気分になってきますよ。

あなたが選んだ仕事には意味がある

では、クリニックでの参考になるケースを、ご紹介しましょう！

ある中小企業の建築会社の社長さんがやってきました。

「先生、今回の人生の目的を知りたいのです！　いつもお金に苦労して、お客さんのために奉仕のようにやって、いざとなるとお金を請求できないし、つい頼まれもしないのに、補強工事をやってしまうし、ボランティアをやっているわけではないのに……」

と、とても良心的で完璧主義タイプです。

ヒーリングをしてみると、過去生で江戸時代に大工を、ヨーロッパでも建築を手がけていて、東洋と西洋の両方のよさを知っている魂でした。木と土と紙の家、そして石造りの家、両方できる統合の建築家を今回目指しているのです。

ヨーロッパ時代に今の奥さんがやはり妻として支えていました。本人に聞いてみたら、「妻は石造りのヨーロッパ風の家が好きなんですよ。いや〜その通りです。どんなタイプでもお客さんの希望に沿えるんですよ。建築における東洋と西洋の統合ですか……」

それからつい仕事上でも奉仕をしてしまうのは、タイの時代にお坊さんで、奉仕活動として学校や病院などを創っていたからでした。

「そのとき一緒に活動していたのが、長男さんですよ！」

と話したら、びっくりして、

「えっ、長男はこの間タイに行ってきたばかりです。それから別人のように、協力的になって、私に反発していたのに、毎年やっている行事に自分からすすんで手伝ってくれるようになったのです。やっぱり長男とも縁があったんですね」

「きっとタイに行くことで、その時代の引き出しが開いて、いいエネルギーが流れ出したのでしょうね。今はお仕事で建築をやっているのですから、不必要な罪悪感を解放して、喜んでお金を受け取ってください！」

「はい、理由がわかってすっきりしました。今やっている仕事には、とても深い意味があるのですね。うれしいです。楽しくやっていけそうです！」

と晴れやかな笑顔に、私も幸せを感じました。

彼にとって、今回の人生で建築家を選んだのは、必然で、とても大切な統合の目的がありました。

しかも、人間関係の問題やお金との問題まで絡んで、よく考えられた人生プログラムだと思います。海に向かって、「江戸時代、ヨーロッパ時代、タイ時代の解放おめでとう！」のバンザイ三唱を、一緒に気持ちよく高らかにできました。

＊直感に従ってやりたいことにチャレンジを

私たちは、とても便利で多様な時代に、盛りだくさんの人生プログラムを創って地上に生まれてきました。

それぞれに、**チャレンジのハードルをいくつか課して、ある意識レベルにまで到達するようにと、すばらしいプログラムをちゃんと用意してきたのです。**

たとえば、仕事で出会うつらいことは、あなたの才能をさらに伸ばします。職場での人間関係のハードルは、自己評価を高めます。子育てのハードルも、自分のなかにある子どもの頃からの〝パターン〟を直すチャンスなのです。

私らしく自然体で生きるようになると、楽々人生に変わってきます。

意識がやわらかく、明るく、おめでたくなってくると、どんどん直感で、日々の生活のなかでの意味合いが自然にわかってきます。ますます楽しく、安心感にあふれてきますよ！

それには、**自分の好きなこと、好きなものを小さいことから選んで、どんどんやってみてください。**

あとでお話ししますが、「好きなこと」「ハマっていること」にも意味があります。私たちの「内なる光」を引き出すスイッチになります。これをどんどんやってみることで、自分の輝きが増してきます。

私も講演会で大好きなインディアンに変身して大満足！　大いに楽しんでいます。インディアンのワンド（ヒーリングなどに使われる杖）を手に大フィーバーです。

自分の人生の目的、天命がわからない人は「必ずわかる！」と今から思ってみてください。

そして、「自分らしく生きる！」「自分で決める！」と声に出して、宣言してみましょう。

自分の人生の主人公は自分です。自分で決めて、楽しく演じて、キラキラ！

私たちの天命に、万歳！

だれでも素敵な愛に出会えるしくみになっています

＊ソウルメイトとの出会いはすでに用意されている

恋愛・結婚は、人生のなかでは、とても大切な一大イベントです。

いろんな時代に一緒だった縁の濃い魂のことをソウルメイトと呼びます。

ソウルメイトとの出会い、再会が人生のしくみに感動的なハイライトとして用意されているからです。本当に絶妙に出会うようなしくみになっています。

もちろん今回の人生で仕事に集中したい方は、恋愛や結婚にあまり神経を使わないようにお見合いや紹介でとんとん拍子に決まって、ほとんどのウェイトが仕事におかれます。

恋愛や結婚に集中したい方は、仕事はあくまで出会いの場で、仕事を転々としながら、実は恋愛や結婚相手を探すプロセスを堪能しています。

もちろん、両方をよくばって波瀾万丈に選んできた方もあると思います。それぞれに意味があって、自分で好きなコースを選んできています。だから気楽に自分なりのコースを楽しみましょう！

「別れた彼とよりを戻す（復活愛）」か「次の相手を探す」のかも、人生のシナリオに書かれているのです。魂からの直感を感じ取って、自然の流れを楽しみましょう！

恋愛・結婚と魂の歴史の関係

ずっと仕事に集中してきた人も、急に結婚したくなったら、まずそう思って決めることです。しっかりとおしゃれをして、身も心も磨いて、ついでにフェロモンを出しましょう！

さわやかな色気はとても大切です。過去生で男性だったことが必ずあります。自分を客観的に見て、男性から見てラブラブしたくなるかどうかを感じてみましょう！

恋愛ドラマ、映画、小説を見たり読んだりしてそのモードを自分で演出することです。恋愛も婚活アドバイスと同じです。気を抜いておしゃれな自分を見失っていないかのチェックです。

クリニックで謎解きしたあるカップルは、彼があまりにも子どもっぽくて、何度も別れとやり直しをしてきました。ケンカしては仲直りの繰り返しで、彼女がうんざりしてクリニックを訪れたのです。

なぜケンカと仲直りを繰り返すのかを謎解きしてみると、琉球時代に母親と息子の関係で息子が六歳のときに母が海に沈んで亡くなった過去生が出てきました。

彼女は「やっぱり！　自分は海が異常に怖いので、きっと海に沈んで亡くなっていると思っていました。彼は口ぐせのように自分は六歳だと言っています！」とびっくりしながら、深く納得していました。

今回の人生で再会して再育児をしていたのです。子どもっぽくて頼りがいがないことがケンカの原因でしたが、彼女の子どもだったのですからしかたありません。理由がわかると、悩まずに流すことができます。

涙と笑いの解放になりました。怖かった海に向かって、すっきりのバンザイ三唱が高らかにできました。

あるカップルは、結婚できなくてしかたなく心中した江戸時代と、夫婦だったけれども不仲に終わったヨーロッパの時代の遣《や》り残しのために、今生は劇的な出会いとやっとの思いの結婚をして深い感動を体験しました。

魂の歴史から見ると、過去生の彼と再会して、そのときは結婚できなかったけれど、今回は無事に結婚して家庭を築くという人生のシナリオになっています。素敵な悲恋の成就です。恋愛も「魂のしくみ」が絶妙に関係しています。

「アイコンタクト」で、今までの流れは変わります

ソウルメイトとの再会は、以前にも恋愛しているので、会ったときにビビッと一目惚れの現象が起きます。

目は心の窓といわれるように、相手のエネルギーが直接感じられます。

アイコンタクトで恋愛がスタートすることが多いのは、そのせいなのです。すれ違っているカップルは、きちんと目を合わせていないことが多いのです。そして本音の話をしていません。

ちゃんとお互いに、目を見つめ合って、本音を話すようになれば、コミュニケーションが復活して、関係を修復できる可能性が出てきます。

本当の気持ち、本音を必死で泣きながらでも伝えることです。すれ違いは、言ったつもり、わかっているはずという思い込みが原因になりやすいのです。

本音をしっかり伝えると、相手もこちらを見てくれます。

そのとき、**アイコンタクトで愛をいっぱい込めて、相手を包む愛のエネルギーを目から出して、そのあと優しい目でふわっと見つめるのです。**ここで決してにらみつけないことです。これは逆効果になります。

優しく相手を包み込むような目をすると思うと、自然にキラキラのやわらかい目つきになって、最初に好きになったときの感じをお互いが思い出せます。

たとえ今生《こんじょう》でケンカ別れでそのままになっても、また別の時代にやり直しができます。どうにもこじれて修復が難しかったら、次の人生への続きとして棚上げしましょう！

そのときの名ぜりふは、「来生夫婦になりましょう！」です。

これをいろんな時代に言ってきた人は、今生何度も結婚離婚を繰り返します。沖縄の女性で一二回も結婚した人が来院されたことがあります。すごいです！ 一二回の約束を果たしたのです！

時代を超えて、人生を超えて、**恋愛・結婚はやり直しがいくらでもできるのです。**

未来の人生に持ち越さないで、どうしても今回の人生でハッピーエンドにしたいなら、その本音を相手にしっかり伝えることです。それによって、流れが変わります。たくさんの山を乗り越えて添い遂げるのも、感無量の人生です！

結婚ははずみでするもの！

二〇一一年三月十一日の大地震、大津波の後、結婚する人が増えているそうです。

実は、私もその一人です。ひょんなことで、スペインで結婚式を挙げて、帰国してから七夕《たなばた》の日に入籍しました。しみじみと、はずみで結婚してよかったなと幸せを噛み締めています。

本当は若いカップルがスペインで式を挙げる予定だったのですが、急に行けなくなって、それではと自分たちがすることになりました。急だったのですが、どうしてもウエディングドレスを新調したくて、必死でインターネットを探したら、「できちゃった結婚お急ぎコース」があって、一八日間で作ってもらえました。何でも必死になると扉が開きます。

私が七夕に入籍すると聞いて、一六年間もつき合っていた彼に思いきって話してみたら、同じ七夕の日に入籍できたカップルもいます。びっくりの連鎖反応で素敵な流れになりました。どんどんみなさんはずんで後に続きましょう！

「結婚ははずみでするものよ！」という母の名言を思い出しました。

あまり深く考えないことが結婚への道です。考えすぎると決めかねてしまいがちです。結婚すると日常をその人と過ごすことになるので、気を遣わない自然体の自分でいられる相手がぴったりです。

自然体でなくなって、不自然になったら波長が合わなくなっています。

相手に合わせると長続きしなくて苦しくなるので、波長がどうしても合わないときは、あきらめることです。

直感で合いそうだったら、「復活愛」の可能性が残っていますので、あせらずにじっくりと波長が合い始めるきっかけを待つことです。

きっとまたはずみだしますよ！　はずむには波長が合うことが大切だからです。

あなたは大好きな人とはずんでいますか？

人生を大好きな人とぴょんぴょんとはずんで楽しみましょうね！

恋愛は自分を映し出す鏡です

恋愛がうまくいかない理由

恋心は人生のなかで大切なことだと思います！　人生の舞台で恋愛は一番人気のテーマです。いい恋をして素敵な家庭を築くことが天命だったら、最高ですね！

今までに、運命的な恋をしましたか？

私たちは〝恋〟に生き、夢と高い目標をかかげてやきもきしています。恋愛をするたびに、女らしさや男らしさ、人間性が磨かれて、ますます素敵になっていくのではないでしょうか？　恋は、いくつになっても心ときめき、世界がいっぺんにバラ色になって、お肌もつやつや、笑顔が輝いてきますね。まるで魔法のよう！

私の大好きな宇野千代さんは、恋愛の天才でした。失恋をすると、まる一日、布団の中で大泣きして、悲しみを一気にまた次の恋愛にまっしぐら！　その明るい前向きな姿勢に共感を覚えて、大好きになり、彼女の本やお芝居にはまって、彼女のデザインした桜の茶器セットやハンカチまで愛用しています。

彼女の多彩な創造性は、恋愛上手とつながっているのかもしれません。小説家、着物デザイナー、ファッション雑誌の制作など、マルチプルに何でも楽しくこなしたところに憧れます。

生きている間に、ぜひ直接お会いしたかったのですが、残念。でも晩年、彼女の恋人の一人だったという方と対談でお会いして、余談のなかで、興味深い話をしていただきました。

「僕は宇野さんの六人いる恋人の一人だったの。もちろん九十歳過ぎていて、セックスはなかったけれど、久しぶりに逢うと、両手で優しく顔を抱いて、なでてくれた。『元気でいらした?』と声はまだ艶っぽくてね、それはいとおしそうに、なでてくれましたよ」

そう伺い、さすがだと思いました。九十歳すぎても、恋人が六人! しかも声が艶っぽい! このお話を聞いて、直接お会いしたかのように、うれしかったのです。宇野千代さんは、私にとって、恋愛だけでなく、人生の師匠だと思っています。

さて、私のクリニックへ相談にみえる患者さんの場合、恋愛についての内容を具体的に大きく分けると、次のようになります。

1　恋愛ができない。

2　好きな人がいても告白できない。
3　失恋して落ち込んでいる。
4　不倫の恋に悩んでいる。
5　恋愛は長いが結婚に至らない。
6　二人恋人がいて決めかねている。
7　恋愛や結婚をしているがセックスで悩んでいる。

などが、挙げられます。

1の恋愛ができないケースに多いのですが〝とても魅力的なのになぜ？〟という場合、過去生の男性エネルギーが強く残っていることがあります。それで現世の男性に近寄れない状態なのです。これは、過去生の男性に光へ帰ってもらうと、男性へのアプローチが次々にできてびっくり。

あるセミナーに上品なご婦人が参加されていました。『人生のしくみ』に登場した〝ローマ兵士時代が残っていて恋愛ができなかった女性〟のお母様でした。無事に娘さんが結婚されたと伺ってバンザイ！　です。

同じく恋愛できないケースでも、全身まっ黒、アクセサリーもつけず、お化粧もなしという女性性を否定している人の場合、表面では〝恋愛したい〟と言っていても、本当は男性を寄せ付けないタイプ。とくに、過去生にレイプ体験があると、セックスに対しての嫌悪感が強くて、男性不信に陥っており、父親との葛藤も強い場合が多いのです。

その場合は、インナーチャイルドの癒しや、スキンシップ不足を補うアロママッサージなどをおすすめしています。父親との関係が少しずつよくなってくると、女性性も開いてきて服の色が明るくなり、スカートやワンピースも身につけるようになります。

逆にとても凛々しく男性的で、恋愛できないケースでは、自分の男性性をしっかり認めてあげると〝女性性豊かな男性〟が現れ、アプローチしてくるようになります。

2の告白できないケースは、かなりの確率で、過去生で告白して傷ついています。今回の人生でちゃんと告白することで、大きな全身になるので、過去生での心の傷を癒してから、具体的なアドバイスをしています。クリスタルは、のどを解放するトルコ石やアクアオーラがおすすめです。

3の失恋して落ち込んでいる人には、即効性のある香り、ネロリやローズをすすめています。とくに、ローズ風呂は最高！　本物のバラの花びらを、香りと一緒にお風呂に入れると、よく泣けてすっきりします。

私も高校時代に、好きな人を学校の屋上に呼んで告白したのですが、見事に振られてしまいました。それでも何とか食い下がり、油絵のモデルになってもらって、絵をゆっくり描いたことが懐かしい思い出です。文化祭に彼の顔が展示されて、彼にそっくりの絵だったのでばれればれでした。

彼に振られたおかげで、その後、さらに素敵な彼に出会いましたから、やはり、恋愛はひたすら前進あるのみ！　ＧＯ！ＧＯ！　です！

失恋でも落ち込むケースも多いけれど、４の不倫の恋のケースも多いです。

悶々としている場合は、もう一度自分の本音を感じてみることをすすめています。

逆に、本音は結婚を望まなくて、結婚ができない人を恋人に選んでいることに気づき、そこから流れが大きく変わっていく場合もあります。

５の長い恋愛で結婚できないときには、迷わず〝できちゃった結婚コース〟をおすすめしています。子どもがその二人を選び、結びつけることで流れが大きく変わります。

６の二人も恋人がいるうらやましい場合もたまにあります。

その方は、やっぱり宇宙人でした。一夫一婦制の地球に、多夫多婦制の他の星から、新しい価値観を導入するお役目のようです。私は〝タフタフ星人〟と呼んでいます。前にも書きましたが、沖縄で一二回も結婚した女性に逢ったことがあります。すごいですね！

彼女も元タフタフ星人かもね。

7のセックスの問題は、とても大切です。誰にも相談できなくて悩んでいる人が多いようです。

セックスの上手下手は、魂の歴史に大いに関係あります。過去生で高級娼婦だった人、ドンファンだった人は、教養もセックス上手も両方兼ね備えていて、今生でも、たとえ美男美女でなくても、恋愛上手でモテモテです。

インドでカーマ・スートラを探求した人、チベットで最上級の修行、合体をしたことがある人の場合、セックスタイムは長くて、三～九時間、少なくとも二時間は普通です。二人の全チャクラが素敵にエネルギー交流できて、宇宙にまでらせんを描きながら飛んでいけます。

セックスの修練をしていないと、二〇～三〇分で終わってしまいます。エネルギーの交流も少なく、下部チャクラだけつながって部分的な快楽だけで終わってしまいます。精神的な、霊的なエクスタシーまで感じることはできません。それでは恋愛は素敵に燃え上がってきません。すぐに飽きがきて終わってしまいます。

どうしたら相手も自分も気持ちよく感じて、素敵なエネルギー交流ができるかを、いろいろ試してみるうちに修練されていきます。これは正直に話し合わないとできないので、イッたふりをしてやりすごすとそのチャンスを逃してしまいます。

また、これは人間関係のパターンにも当てはまります。

一事が万事、恋愛上手な人は人生の楽しみ方も上手な〝人生の達人〟といえるかもしれません。

パートナーを引き寄せたい方は、**パートナーの条件をまず六〇項目書いてみましょう**（自著『人生の癒し』わくわくセルフワーク参照）。

項目が少ないと、表面的な条件のみになってしまいがちですが、六〇項目もあると、さすがに精神面の細かい部分まで書き出せて、真剣にパートナーを考えるいいチャンスになります。

今すでに恋愛中でも、結婚していても、あなたのパートナーチェックをしてみてください。**漠然とではなく、なるべく具体的にイメージしておくと、その通りのパートナーを引き寄せます。**

そして、びっくりなのが、**書き出した六〇項目が、実は自分自身、あるいは、自分がなりたい自分を表現しているのです。**

つまり、パートナーとはお互いに鏡なのですね！　恋愛も結婚も、自分を映し出す鏡と対面して、自分磨きをしているのです。

レッツ、素敵な恋！　恋をしてあなたの人生を輝かせましょう！

子どもがいる人生・いない人生も魂の歴史と関係があります

子どもを産むコース、産まないコース

私は、今回の人生で、子どもを産まない不妊のコースのほうを選んできています。普通に妊娠できていたら、たくさん子どもを産んで、楽しい母親になっていたでしょう！　きっと医師の道は歩んでなかったと思います。これが私の魂のしくみです。

子どもが産めない病気を選んで、手に職をと、医師という仕事を選びました。さらに、子どもの代わりに、本を書いて出すという別のクリエイションもしています。

世に生み出すのに難産だった自著『天使の世界へようこそ！』（徳間書店）が、とても好評で、一人歩きをして、いろんな人に愛と安心感を届けています。本当に産み出した本がまるで子どものように活躍するさまを見て、母親のような気持ちで喜んでいます。

〝婚活〟という言葉がブームになるほど、結婚したいけれど独身である男女が増えています。表面意識では結婚したいと思っていても、心の深いところでは、過去生の結婚生活が

つらくて、今回はパスしたいと思っているかもしれません。

結婚しなくてもバリバリ仕事をして、旅をしたり、趣味を広げたりして、人生を楽しんでいる独身の男女もいます。

はっきり、子どもは苦手とか、子どもを産みたくないとか、未妊を積極的に選んでいる人もいます。過去生で子育てを七人、八人と大人数体験したので、かなりくたびれて、その後ちょっと休憩しているのかもしれません。

おそらくは、彼らも今回は結婚、妊娠、出産、子育ての一般のコースではなく、過去生でしっかり体験していて、今回は別の夢実現をしたいと人生のシナリオを書いてきたのでしょう！

人生は、自分で体験を選んでくるのですから、結婚するかどうかも、妊娠するかどうかも、自分で決めてきているのです。この考え方にすると、人生が急に気楽に思えて、何が何でも結婚・妊娠という執着がなくなり、軽やかになります。

妊娠を阻む過去のトラウマ

結婚しても子どもがなかなかできずに、不妊症の治療を熱心にする人も増えているようです。

私のクリニックは産婦人科ではなく精神科なのですが、不妊症の人がその原因究明と癒しを求めてくる場合が結構あります。びっくりです。身体的に問題ないのに、不妊症の場合に、過去生に原因となる不安因子があってそれを取り除くことで、劇的に妊娠することがあるからです。

今までに診たケースのなかから紹介してみましょう！

戦争中に妊婦が殺されて、母子共に亡くなったという過去生でのトラウマがあると、妊娠が怖いという恐怖心が残って、表面意識は子どもを産みたくても潜在意識に恐怖のふたがあって、妊娠のチャンスを拒否してしまっていることがあります。それを解放して無事に妊娠できたケースもありました。

出産で子どもは生まれたのに、母親が亡くなってしまう場合、出産が怖いという恐怖が残ってしまうことがあります。

恐怖を解放するローズのアロマを嗅いでもらって、クリスタルは愛の石・ラリマーや、感情の解放が得意なフローライトやアクアマリンなどを両手に握ってもらうのです。そして、手から出る愛のエネルギーでハンドヒーリングを行い、愛のエネルギーを声で出すヴォイスヒーリングをすると、愛にいっぱい包まれて、どんな頑固なふたもポンと取れて、涙と一緒に恐怖のふたが流されていきます。

それと同時に、中から光がどっとあふれてきて、いのちの尊さを感じ、もう一度お産にチャレンジしてみる勇気も出てきて、妊娠を受け入れるようになります。

その後、不妊治療を得意とするアロマ、イランイランやクラリセージなどを嗅いでもらいながら、クリスタルのオレンジカルサイトやゴールドカルサイトを握ってもらって、同じように愛のエネルギーで満たされる癒しをします。

過去の感情を解放するイメージ療法

さらに、過去生でやむを得ず、薬を飲んで子どもを産まずに堕胎したことで、ハートに罪悪感が強く残って、それが妊娠を阻んでしまう場合もありました。

スピリチュアルデリバリーといって、〝霊的お産〟をすると、「ちゃんと子どもを産めた」という思いが叶って、妊娠と出産を受け入れるようになります。流産をしやすいケースもこの場合がありました。

霊的お産には、アロマはイランイラン、クリスタルはオレンジカルサイトとクリソコラを使います。女性性を開く応援をしてくれるのです。

イメージ療法で、天使に守られて出産しているイメージをすると、はらはら涙が出てきて、悲しみの感情が流れた後に、喜びに包まれ、うれし涙に変わっていきます。

私も、三〇五〇年前のエジプト時代に、怪しい薬を飲んで、せっかく妊娠したのに子どもを堕胎してしまった過去生があります。そのときの解放のために、退行催眠の最中で、イメージ療法をしました。ベッドの上で膝を立てて、出産のような体勢で産むつもりになったら、本当に可愛い男の子を産んだのです！

とても実感があって、すっかり産んだ気になりました。号泣しました。授乳まで生々しく感じられました。びっくりの体験でした。

おまけに、とても美しい女優だったので、さらに何倍にも幸せな気持ちになりました。それまで気になっていた、小柄であることや容姿についてのいろんな悩みが吹っ飛びました。

子どもが産めない負い目もなくなって、世に出す本が自分の子どもだと心から思えるようになったのです。

＊いのちの流れのなかで、人生いろいろ！

沖縄のクリニックには、夫婦で子どもが欲しいのに、共に身体的な問題がなく、もしかしたら原因は過去生のトラウマかもとお二人で来ることもあります。

過去生で夫婦の性が逆転していて、跡継ぎの長男を産めなかったので、実家に帰されて、うつになってしまったお嫁さんが今生《こんじょう》では夫で、奥さんのほうが当時は妻を責めた夫だったというカップルがいました。

ご主人からは、跡取りを産めなかった罪悪感と実家に帰された悲しみを解放し、奥さんからは、産めないからと責めた罪悪感と今回産めないことのダブルの罪悪感を、沖縄のアロマ「伊集《いじゅ》ぬ花《はな》」で解放したら、大きなふたが取れて、どどっとハートからピンクの美しい愛の光があふれ出て、本当に感動的でした。そのまま沖縄でラブラブ、妊娠したというびっくりの展開になりました。

お二人の頭上にぶんぶん蜂ではないのですが、かわいいキューピッドが飛んでいて、なんとそれはお二人を両親に選んだ魂でした。それを見て、もうすぐ妊娠できるのだとうれしくなり、ついお二人に伝えてしまいました。

後から、「沖縄ベビーができました」と報告があって、本当にうれしかったです。

過去にどんな感情をぶつけ合っても、お互いに許しあって溶け合うと、ほどけて、リラックスするようになり、奇跡が起きます。

奇跡的な喜びの妊娠、出産のケースを見せていただいて、産まないことも産むことも、それぞれに素敵だなと思いました。どちらであっても、それには深い意味があるのですから。

過去の人生で産めない後に産めると、喜びが倍増します。不妊治療を十三年間続けて、子どもを産んだ方が、子どもを抱いて号泣されたそうです。たくさん子どもを産んだ後に産まないと、ほっと一息できます。過去生では子育てで、大好きな勉強ができなかった女性が、結婚して主婦をしながら勉強して、とても幸せそうでした。

人生いろいろ、妊娠もいろいろ、子育てもいろいろです。

永遠のいのちの流れから見ると、**自分の中に持っている七色すべての色合いをそれぞれ体験して、自分が光であること、カラフルであることを実感して、さらに素敵な光になっていく**のだと思います。

いのちの素晴らしさにありがとう！

すばらしい「魂のしくみ」にありがとう！

「聖なる時間」を生きれば、年をとりません

老化は思い込みから起こる

老化とは、誰もが人生の半ば過ぎから体験することだと私たちは思い込んできました。でも本当にそうでしょうか?

研修医時代に、精神病理学の専門書で老化についての、衝撃的なケースを読みました。ドイツでの実話です。精神科の病棟に長く入院していた女性で、十七歳から時間が止まっているケースでした。恋人を待っていて、その恋人は残念ながら戦死したのですが、悲しみのあまりその現実を受け入れられず、自分の世界に入ってしまったのです。ずっと恋人を待ち続けるという妄想のなかに自分を置いて、そのままを持続したのです。金髪の美しい女性は、誰が見ても十七歳でした。

ところが、彼女の暦年齢はすでに七十代になっていたのです。彼女の意識のなかでは時間が止まって、老化現象が起きなかったのです。

思い込みの力の凄さを感じませんか？　ということは、**老化現象は、老化すると私たちが思い込むことで、そうなっている**ということになります。ではそう思わなければ、老化現象を呼び込まなくなるはずです。

地上での人生を終えて光になり、あの世に帰ると、あちらでは自分の好きな年齢を選ぶことができるそうです。あなたは、何歳くらいを選びますか？

この世が、だんだんあの世に近づいてきました。意識レベルが上がっているからです。次元アップに向けて、自分を表現する年齢を自分で選んでもいい時代になってきています。もう亡くなられましたが、加山雄三さんのお母様は、老化現象を引き寄せずにすばらしいプロポーションを維持して、雄三さんのお姉さんにしか見えなかったそうです。それに続いているのが、由美かおるさんです。六十代でも二十代を維持しています。ブラボーです！

そこには、表に出ない努力がもちろんあると思いますが、暦年齢をあまり意識しないで気持ちを若く保っていると、老化現象を引き寄せないようです。

＊暦年齢、肉体年齢、精神年齢、魂年齢

実は、私たちの思いで肉体年齢を若く保つことが可能なのです。

年齢は一つではなくいくつもあるようです。少なくとも四つ考えられます。

1　暦年齢…今回の人生で地上に何年いるかです。誕生日から今日までを数えます。
2　肉体年齢…肉体の細胞が何歳くらいを表現しているかです。
3　精神年齢…地上で学習し、身につけた知識、教養、生活態度、自己表現などです。
4　魂年齢…魂がどのくらい人生を繰り返して、練られてきているかです。

魂の年齢は、厳密にいうとみんな光としては同じかもしれませんが、表面意識がどの程度まで到達したか個としての感覚を重視すると、深さや広がりを表すという意味で魂年齢を想定できるのではないでしょうか？

その人の個性としてのキャパシティのような感じです。人生の回数が多いとそれだけその魂の大きさ、愛の深さ、表現方法、理解度も増してくるように思います。

暦年齢よりも肉体を酷使していると、肉体年齢は年老いて見えます。

若いころにスポーツをやっていると、筋肉が丈夫に成長して、中年になっても生活習慣病にかかりにくいといわれています。しかし、スポーツもやりすぎると、身体に負担になるそうです。スポーツ選手が、身体を酷使してボロボロになっていると聞いたことがあります。バランスとアフターケアが大切ですね。

肉体を大事に維持して、新鮮な食べ物をとったり適度な運動、瞑想などをして日々努力していると、やはり肉体年齢は若くなります。意識がその人の年齢を決めますし、その年齢のイメージで、肉体も変わってくるのです。

今の生活を振り返ってみてください。新鮮な食べ物を意識して食べていますか？

どうでもいいと思うと、どうでもいい肉体になります。

いつも外食では愛不足になります。手料理は、ハートチャクラからくる愛のエネルギーが手を介して出て、食物の生命エネルギーと一緒に愛を食べることになります。

もちろん、一人暮らしでも自分で自分に愛を込めてつくれば、愛があふれた食事になり、愛のエネルギーで元気になって自然に笑顔で輝いてきます。

＊自分を認めて、愛を送ってイキイキ、キラキラ

では、心身ともに若返るには、どうしたらいいのでしょう？

いつも言っていることですが、「本当の自分」を引き出せればバッチリです！

自分を認めて、愛を送ることで、内面の光があふれ出て若さを保つことができます。

「自分大好き〜！」と言いながら、自分を抱きしめてみましょう。

くよくよ悩まないで今この瞬間に集中すると、光があふれてお肌つやつや、心の窓の目もキラキラ、全身からも光が出て、全体のオーラは大きくパワフルに広がります。

そうなると、まわりの人からは「何かいいことがあったの？」とか「最近若返ってきたわね！　恋でもしているの？」などとうれしい質問を受けるようになります。

これこそ、本当の自分にちゃんとつながっている状態。今この瞬間に意識が集中していて、まさに「今に生きている」素敵な状態になっている証拠です。ブラボー！

今の状況をよく観察して、感じてみて、**意識を今に合わせることから始めてみましょう！**

まわりの環境、人、自分の身体の状態、気持ちなど、どんどん感じてみるのです。

過去を引きずらず、未来に不安を持たずに、ひたすら「今」に集中できています。これが、年をとらないコツです。いつまでも現役で、人生を楽しめます。

自著『人生の創造』（徳間書店）にも紹介しましたが、そんな生き方をして大きく輝きながら、多くの人々に夢と希望と活力を与えてくれた人生の達人が、女性では行動派の宇野千代さん、男性では「芸術は爆発だ」の岡本太郎さんです。

お二人とも、いつも暦年齢よりも、肉体年齢がとても若く見えました。いつも少女のような初々しさ、青年のような若さを保っています。二人のクリエイトした作品も生き方も大好きです。

宇野千代さんは、ひたすら自分の気持ち、感情のままに恋愛も仕事もしてきました。生涯現役で、マルチプルに人生を楽しんだ最高の女性だと思います。

岡本太郎さんは世間に迎合せずに、イキイキと自分の感性をそのまま爆発させて、まわりをびっくりさせる、大きな刺激をくれました。

亡くなっても、まだ太郎さんブームは続いています。最高傑作の巨大な壁画「明日の神話」が日本に戻って東京の渋谷駅連絡通路に公開されることで、太郎さんのパワーがよみがえってきました。自分に正直に行動し、表現することのすばらしさを教えてくれています。

お二人の素敵なところを大いに作品や本から吸収して、後に続きたいと日々思っています。

＊「聖なる時間」を生きる

岡本太郎さんのように人生を爆発させて、思いきり本音を語り、本音で生きる自然体の生き方を始めれば、自然に私たちは若返ってきます。

まるでこれは宇宙の法則のようです。

意識を「いま・ここ」に合わせて、**過去や未来にエネルギーを使わないよう、一〇〇%**

今を生きることにエネルギーを爆発させましょう！　いつまでも青春を引き延ばして、若い感覚を延長させて、遊びを人生に取り入れて楽しく生きていきましょう！
時間を忘れて夢中になれることをしていると、時間の密度が変わって、時間の概念からはずれることができます。

ネイティヴアメリカンやアボリジニなど、自然体でスピリチュアルに生きている人々は、「聖なる時間」として普通の時間と区別をしています。

今この瞬間に意識が集中されて時空を超えられたら、それは「聖なる時間」を生きていることになります。大好きなことに熱中している時間は「聖なる時間」です。魂がとても喜んで、内なる光があふれて自分が輝いてくる瞬間です。

聖なる時間に変容すると、マイナスの思い込みの影響は、受けなくなります。潜在意識を超えて本当の自分の光と直結するからです。

さあ、今この瞬間に集中して、聖なる時間を増やし、自分の光を爆発させましょう！

いつまでも、若々しく、新鮮な自分を、クリエイトです！

体を温めると波動が上がる

最近、「啓子先生、年々若返っていますね！」といううれしい言葉をかけてもらっています。本当に自分でも写真を見ると、以前よりも今のほうが若く見えるような気がします。どうして実年齢よりも若く見えるのでしょうか?

年齢に対する意識が変わってきたのか、細胞が若返ったのか、きっと両方かもしれません。

ベストセラー『体温を上げると健康になる』（サンマーク出版）を書かれた齋藤真嗣先生は、ニューヨークと東京を行き来しながらアンチエイジングのクリニックで多くの人の若返りに貢献しています。

身体を温めることをとても強調されています。低体温にならないように、体温は三七度を目標にと書かれています。今まで三七度は微熱と思っていたので、びっくりでした。体温が上がると免疫力がぐんと伸びて、ストレスが解消、ホルモンバランスもよくなるのです。がん細胞も細菌、ウイルスもいなくなります。ついでに憑《つ》いていた霊ちゃんも体温が上がると憑いていられなくなって光に帰っていきます。体温が上がることでいくつもいいことがあり、そして若返るのです。まさにもう一度青春する、燃えてくるのです。

まずはゆっくり四一度のお風呂に入って、身体を芯から温めてあげましょう！　たまったストレスをほぐして、リラックスです。

落ち込んで、うつになっていると、なかから光があふれてこなくなり、暗く老けて見えるのです。イキイキと輝いていれば、光があふれ出ていることになります。自然に波動も上がってくるのです。

実は二〇一一年十月二十八日から、地球の次元が三次元から五次元にアップするという〝アセンション〟が始まりました。全国から二八人の熱い仲間が「天の舞」に集まって、「アセンション祭り」を行い、駐車場の壁にユートピアのイメージを描きました。

岡本太郎さんの巨大壁画『明日の神話』の半分の大きさです。三時間半熱中して、壁画を最高に楽しみながら描きました！　岡本太郎になった気分でした。

自分を認めて、優しく自分が好きなことをセットして、エネルギーを高めていきましょう！　**何かに夢中になったり、熱中したりすると、びっくりするほどの光が自分のなかからあふれ出てきます。**

宇宙からお借りしている肉体もどんどん光で健康になり、波動も高まってくるとだんだん透明になってきます。

実際に身体の一部が透明に写真に写ったり、講演会で身体が透明に見えたりという不思議現象がすでに起きています。あなたも波動を上げれば、若返って、キラキラに輝き、さらには透明になってくるのです。面白い時代になってきました。

「自然体」で生きるということ

もちろん、宇宙から期間限定でお借りしている肉体も大切です。

肉体を大事に維持するために、新鮮な食べ物や適度な運動、瞑想などをして日々努力していると、肉体年齢は若くなります。

意識がその人の年齢を決めますし、その年齢のイメージで、肉体も変わってくるのです。適度な楽しい運動が若さには大切です。

料理は新鮮なだけでなく、愛を込めることも大切です。たとえ一人暮らしでも手をかけた手料理には愛が込められているので、肉体も若返ります。繰り返しますが、**手づくりの手から、愛のエネルギーが出ていて、新鮮な素材の生命エネルギーと一緒に愛を食べているのです。**

「奇跡のりんご」といわれた無農薬のりんごを生み出した、青森の木村秋則さんが初めて沖縄に来てくださって一三〇〇人規模の大きな講演会がありました。

木村さんの講演会はユーモアたっぷりで、内容もすばらしくて、感動しました。一番びっくりしたのは、無農薬、無肥料、無除草剤でつくった野菜には全く虫がこないのだということです。かえって農薬を使った野菜にはびっしりと虫がつくそうです。これはまさに

宇宙法則の「引き寄せの法則」だと思いました。

虫を意識して農薬を使うと、かえって虫を引き寄せるのですね！　自然のままにしておくと、害虫のアブラムシを益虫が食べてくれるのです。ずっと農薬や肥料を使っていると土地が固くなり、冷たくなって、根がのびのびと伸びていけない土地になってしまうのだそうです。ふかふかの温かい土地がいいのだそうです。

次にびっくりしたのは、無農薬・無肥料の自然栽培のお米はずっと腐らないというのです。今まで有機農業はいいと思っていたので、びっくり！　無農薬だけでなく無肥料も大切だと思いました。腐らないお米を食べたら、身体も若返るに違いありません。全くの自然でいいのです。目からウロコの講演会でした。

これからの私たちも自然体で生きましょう！

無農薬、無肥料、無除草の農業に目覚めましょう！　そんなお米や野菜を見つけて買う人が増えれば、農薬使用量世界一という日本の農業もきっと変わります。

できれば自分たちの食べる野菜や果物は、自分でつくってみましょう！

それも対話で育つのです。対話をしなかったりんごの木は枯れてしまったそうです。やはり、対話は大切ですね！　**自分の身体の細胞たちにも話しかけて、「ありがとう」を言いたくなりました。**

なるべく生活から、化学的な製品をなくしていきましょう！　自然農法の果物や野菜やお米を食べて、細胞をイキイキとさせ、若返っていきましょう！

あなたの細胞は、いつもキラキラで、いつも旬！

PART 2

心と体を癒す「魂のしくみ」

今の悩みや苦しみは、
意識が変わるために必要なプロセス

心のブロックを解放すれば、新しい自分に出会えます

＊潜在意識にためこんだ感情が、心を暗く閉ざしている

私たちの大切な「心」についての話をしましょう！

私たちの心の構造は、わかりやすく三つに分けると、表面意識と潜在意識と、さらに奥の「本当の自分」＝光、波動、エネルギーになります。

表面意識は頭にあって、今回の人生で感じたり思いついたり、すべての「思い」がわいてくるところです。

平均的に、私たちの一日の「思い」の数は約二万個だそうです。好奇心と暇のある人が一日の「思い」の数を計ったら、なんと五万個もあったそうです。実際に私も実験してみました。

たとえば、今朝の私の思いは、

「あっ、何時かしら、六時一一分、もう起きたほうがいいかも！　昨夜は二時まで原稿チ

ェックを頑張ったわ！　四時間はぐっすり寝たから大丈夫！　今日は診療がない日だから原稿チェックに専念できるわ！　あっ、腰が楽。昨日の大石林山での瞑想がよかったかも。夕方になってヤンバルクイナの鳴き声が聞こえてよかったわ！　きっとご褒美ね！　あそこでアースしたのも効いたかも。また行きたいわ、やっぱり自然界の癒しは最高ね……」

朝のゆっくりした思考でも、一分間で二一個です。一八時間起きているとして、二万二六八〇個なので、やはり約二万個と考えていいみたいです。それにしても多いですね。このデータだけでも、心の表面はとても変わりやすいのがよくわかります。

ずっと同じことを悩んだり考えたりすると頭痛がするのは、頭が「思い」でパンパンになって、詰まるからです。

潜在意識は、エーテル体という身体のすぐ外側の八～一〇センチのところにあって、今回の人生だけでなく、いままでの過去生を含めていろんな感情が残っています。

マイナスの思い込みや感情があると、まるでふたのようにブロックになって、奥の光が出てくるのを跳ね返してしまいます。

過去につらいことや、悲しいこと、苦しかったことが多いと、どうしてもふたが多くて、なかの光が閉ざされて、表面の心まで、暗くなります。これが「うつ状態」です。今回の人生だけでなく、過去生でも心のブロックがあるとうつになりやすいのです。

うつだけでなく、「パニック障害」も、明らかに、過去生の強い不安や恐怖体験が元になっていて、その感情を解放するために、何かのきっかけで、感情のふたが意識され、振動して、はずれるサインです。

パニック障害になるということは、潜在意識にためこんだ不安や恐怖が必ず解放されるという「いい知らせ」です。必ず楽になってすっきりします。安心してください。決してパニックでは亡くなりません。心のブロックが解放されるだけです。

逆に、プラスの思い込みや感情が残っていると、奥の光を通して、明るくなります。明るい発想の人と話したり、本を読んだりすると、元気が出るのは、思いがプラスになって、それまでのマイナスのふたが取れて、光があふれてくるからです。

経験していないのに大丈夫だと思えるのは、過去生で同じ体験をしてうまくいったことがあるからです。

根拠のない明るさは過去のデータからきています。**根拠のない暗さを明るい思い込みに入れ替えましょう！　一瞬で世界観が変わると本当に突然人生が輝いてくるのです。**

＊今一番気になっていることが、あなたの「魂の宿題」

クリニックでは、愛と笑いの治療をしています。愛のエネルギーは、内なる光があふれ出るのを止めている感情のふたを溶かします。

ハートから出る愛は、口から愛の言葉かけとして、また手から直接スキンシップで伝えることができます。相手を抱きしめて、「生まれてきてくれてありがとう！」「今日までよく頑張ったわね！」「生きていてくれてありがとう！」と言うと、言葉とスキンシップの相乗効果で、愛が伝わり、涙の解放になります。

罪悪感、存在の不安、恐怖、劣等感が溶けて、自分のなかから光があふれてくるのです。本当に目の前が明るくなって、背中が軽くなります。すぐに実感できるので、とてもよくわかるのです。

笑いも大きな振動でふたを取ります。とくに、自分の悩みについて大笑いをすると、不思議に前ほど気にならなくなります。ふたが取れた証拠です。

クリニックにお金の問題で人間関係がこじれる悩みの方がいらして、ヒーリングで謎解きをしたら、ユダヤ人の高利貸しだった時代に、お金を貯めるのは得意でしたが、使い方がわからず亡くなったという過去生からのヒントで大笑いできました。

「楽しくお金を使います！」と宣言して、ニコニコと笑顔で帰られました。

今一番気になっていることが、今の人生のテーマです。それが心に留めていることなのです。

心のふたを取る方法は、たくさんあります。香りやクリスタルも名人です。ベルガモットは、ハートやのどのふたを取るのが上手です。ハートの不安や恐怖は、パニック障害として認知されますが、ベルガモットでとても楽になります。ピンクのローズクォーツや緑のアベンチュリン、フローライトもハートを癒してくれて、不安や恐怖のエネルギーを吸い取ってくれます。そして勇気やパワーを引き出してくれるのです。

ピンクが好きな私は、毎日のようにローズクォーツのブレスレットを両手にはめて、癒しながら、ファッションも楽しんでいます。

うつには、香りはベルガモット、クリスタルはアメジストやクリアクォーツ、身体を温める方法、笑い療法、自然のなかでの癒し、魔法の言葉「すべてはうまくいっている！」のカニ踊りを毎日四回、そして読む薬といわれている緑の本『だれでも思いどおりの運命を歩いていける！』(青春出版社)をおすすめしています。

この本は、とても元気がよくハイテンションのときに二週間で一気に書き上げたのでパワフルです。

自分が落ち込んだときにも読んで元気によみがえったので、実験済みです！　五年、十年、十五年の年季が入ったうつの患者さんでも、カニ踊りでうつを卒業できた実績がありますので、効果抜群です。言霊パワーと笑い療法の相乗効果です。

前にふれたように、身体を温めるのは、身体にも心にもとてもよいのです。細菌、ウイルス、がん細胞、そして霊ちゃん（亡くなっても思いが残って光に帰らず地上に残っているエネルギー）も冷えた身体が大好きなので、温めると逃げていきます。お風呂、温泉、岩盤浴、運動、ダンス、温かい飲食物など、自分が好きなメニューで身体を温めましょう！

『人生のしくみ』のなかで、**「光の仕事人」**（亡くなって光に帰っていない霊に光を供給して光へ帰す手伝いをする人）という仮説を出して、統合失調症の患者さんや家族の方にとても感謝されました。思いきって書いてよかったと、しみじみ思いました。

光に帰らなかった霊ちゃんが、肉体が欲しくて意識が肉体からずれている人の隙間から入ってくる現象です。それで、幻聴や妄想が生じるのです。

長年の妄想と私がイメージで視た過去生の映像が一致して、やっと医師に信じてもらえたと泣き出す患者さんもいます。

研修医のときに過去生のことがわかっていたら、もっと親身に話を聞けたのにと今ごろ思っています。これも流れですから仕方ありませんね。

もし、医学部で過去生療法が紹介されたら、精神科医の患者さんへの対応ももっと優しくなると思います。妄想だからと片づけないで、真剣に話を聞いてあげられるようになると思います。

統合失調症の患者さんから肉体を借りて、光を供給され思いが果たせて気が済むと、霊ちゃんは光に帰っていきます。これは、身体をはっての霊供養ですね。過去生でお坊さんをやっていた方は、この「光の仕事人」のコースを選ぶことが多いようです。

あの世に帰ったら、きっとレッドカーペットのまわりに光に帰った霊の方々が集まり、笑顔と拍手でお出迎えしてくれると思います。「霊は礼を尽くす」です！

光の仕事人さん、ありがとう！

＊疲れない心をつくる、ちょっとした習慣

心を健やかに保つには、ちょっとした心がけが必要です。

自分を愛で満たして、それをまわりの人にも振りまいていると、とても心が落ち着きます。自分を犠牲にしてまわりに尽くすと、やがて空しくなって、心がきつくなり、疲れて続かなくなります。顔も引きつって、笑顔が自然に出なくなります。

やはり寝る前に、自分を認めて「今日もよく頑張ったわ！　いい一日だった！」と思うことで、ぐっすりと眠れ、また翌日元気に一日をスタートできます。

元気がないなと感じたら、すぐに自分が喜ぶことを次々にやりましょう！

好きな食べ物、飲み物……。私の場合は、シフォンケーキ、バームクーヘン、苺やブル

ーベリーのタルトにカプチーノやからぎ茶（シナモンの葉のお茶）、好きな人と一緒にお食事、好きな音楽、天使の歌声のリベラやスーザン・ボイル、イケメン四人の「IL《イル》 DIVO《ディーボ》」の歌声、フジ子・ヘミングやラフマニノフのピアノ曲にはまっています。

「天の舞」の瞑想ルームで踊ったり、歌ったり、アフリカの太鼓をたたいたりして、そのまま瞑想に入ります。映画やミュージカルやお芝居も、そして何より、自然のなかに行くのが一番身も心も回復します。海や野原、山に行って、自然のおいしい空気とパワーをいっぱいに吸うことで、健康を維持できます。

パワースポットに行って、パワーアップ！

フラメンコやベリーダンスを踊って、楽しい汗を流して、これも、汗《アセ》ンション！

大好きな油絵を描いて、大好きな岡本太郎のようになった気分で、クリエイティヴな自分を感じています。十月二十八日のアセンション祭りで、駐車場の一六メートルの壁に描いた楽しいユートピアの絵を見るたびに癒されています。

ペットにも癒されます。ハッピー（愛犬の名前）のファミリー六匹を次々に抱っこしたり、海に行って海辺で散歩したり、いつも心はハッピー！　夏には一緒に海で泳いでスイスイ！

みなさんも、心健やかに、毎日をハッピーでお過ごしくださいね！

病気は、あなたの魂が計画した気づきのチャンスです

＊病気は、意識が変わるために必要なプロセス

病気はそれ自体とてもつらいことですが、「魂のしくみ」から解説すると、魂が自分で計画した気づきのチャンスなのです。

表面的にただ世間を気にしながら流される生き方から、本当の自分を意識して**自分らしく輝く生き方に変わるときのチャンスとして、病気を計画しているの**です。その深い意味がわかって生き方も変えると、病気は消えていきます。

病気のおかげで健康であることのありがたさに気づき、家族の愛への感謝に気づきます。働くことの歓びと仕事があるありがたさにも気づきます。何よりも生きていることへの感謝もあふれてきます。さらに人の痛みや苦しみを感じることができ、愛の表現が豊かに細やかになってきます。

「魂のしくみ」から見ると、病気のおかげで得られることがいろいろ見えてきます。

現代医学で治るときは、病院や医療チームのすばらしさや問題点を感じることができます。

現代医学で治らないときに、さらに発展していろんな治療、癒しに触れることができ、スペシャルな体験ができるのです。

癒しとは、身体を流れているエネルギーのバランスと流れがよくなることです。悩んで流れが止まって、身体のどこかにエネルギーの流れを止めるブロックができると、そのブロックをはずそうと自然治癒力が働き始めます。その自然治癒力を促したり、応援したり、ブロックがスムーズに取れるようにすることが、癒し＝ヒーリングなのです。

この**心のブロックを取ることができれば、一瞬にしてエネルギーの流れやバランスがよくなり、癒されて中から本当の自分である光があふれ出て、元気になってきます。**

愛と笑いがいっぱいの講演会で、泣いたり笑ったりしただけで、うつやパニックが治ってしまう人が続出するのは、この心のブロックが見事に愛で溶かされ、笑いで流されてその場で突然輝き出すからです。

最近、クリニックにみえた患者さんは、来院のきっかけが講演会で隣の女性の癒しのデモンストレーションの様子を見たことだったそうです。

その女性は、デモンストレーションで舞台に出るまではずっとビービーと泣いてばかりだったのに、戻ってきてからはずっと笑いっぱなしだったので、癒しの使用前・使用後を目《ま》の当たりにして、びっくりして沖縄のクリニックに行こうと決心したそうです。

隣に座っていた人が突然変化したら、とてもインパクトがあったでしょうね！

癒しはゆっくり効く場合もありますが、ブロックがはずれると突然効く場合もあります。とくに人生観が変わると、根本の意識が大きく変わるので、突然人が変わったようになるのです。

今まで「なるべく早くみんなが癒されるには」と、癒しの探求をしてきましたが、その深い意味が問われて、さらに深い洞察ができました。

現代医学は、急性の病気は得意ですが、慢性的な病気やマイナスの思い込みからくる病気は不得手です。東洋医学は逆に慢性の病気が得意です。私も現代医学では治りにくい病気の方を癒す役割をしているのだと、クリニックの診療をしながらそれぞれの役割分担を感じています。

私自身が病気になって、いろんな癒しの体験をしてそこから自分なりに統合して今の治療法ができました。薬を使わないで、心地よい方法で、速やかに癒される方法を生み出してきたそのプロセスをご紹介したいと思います。

＊薬を使わない、新しい癒しの世界に入るきっかけ

沖縄に移り住んであっという間に時がたちました！

太平洋の前に立つアパートで、襖のある世界一小さなクリニックを始めて、そこで十年間頑張りました。今では、恩納村真栄田《おんなそんまえだ》、東シナ海に面するところに「天の舞」という沖縄では珍しい木造の二階建てを創りました。クリニック、クリスタルショップ、海が見えるカフェを創って、沖縄の自然を満喫し、元気いっぱいの現在があります。

沖縄に来られたのも、東京時代に過労で倒れてから、いろんな代替医療に触れて元気になった体験に基づいています。

今から思うと、そのとき倒れたことも、新しい癒しの世界に入っていくためのきっかけとして、とても大切な「魂のしくみ」があったのでしょう。

私は、倒れたおかげで、三年八カ月もの間、様々な代替医療を体験できました。もちろん、大きな病院にも行って診療を受けましたが、薬をくれるだけで全くよくなりませんでした。

薬ではない治療法を求めて、かえって今の治療法を生み出す道筋ができたのです。**人生は本当に無駄がありませんね。**そのときの体験がホリスティックな医療へ導いてくれたの

です。

今思い返してみても、アロマセラピー、クリスタルヒーリング、フラワーレメディ、鍼《はり》治療、気功治療、断食療法、ヒプノセラピー、リーディング、ホメオパシー、アーユルヴェーダ、ロルフィングなど、様々な治療を受けながら、正直に体が反応して、考えるのではなく感じることを、嫌でも発動し始めたのです。

私の人生のなかでは、実に画期的なことでした。それまでの価値観が総崩れして、新しい価値観が芽生えてきました。不安と恐怖を感じながら、同時にワクワク楽しいのが不思議です。

＊痛みを伴う癒し

まず、中国の医師から鍼治療と気功を週三回も受けました。「痛くない」と言われたのに、鍼を刺すときにとても痛くて、涙の治療でした。治療中に痛みの過去生をイメージでたくさん思い出して、かなりの解放ができたようです。「湯気のように邪気が出ている」と言われて信じてかなり通ったのですが、あまり変化がなくて、友人からの「あなたは無邪気よ」という一言で、素直にやめてしまいました。

でも、その先生のおかげで中国医学の本を読み出し、**「感情もエネルギーだから、各臓**

器と波長が合えばそこにたまる」ということを知るきっかけになりました。

友人の紹介で行った日本人による鍼治療は、先生と気が合いませんでした。ストッキングをちゃんと脱いだのに、「ストッキングを脱いでと言ったでしょう?」と怒られて、ムッときました。まだそのころ、地黒の肌を気にしていたので、一回でやめました。それが今ごろになって、アフリカ時代の解放だと気づきました。黒人奴隷としてアメリカに渡ったつらい体験が癒されるきっかけになっていました。やはりトラウマも解放のブロックを意識してはずすきっかけになっています。

今では、笑い療法でトラウマ（心の傷）を一気に解放する方法を考え出しました。アフリカやモンゴルやアメリカの大草原をトラとウマが走り抜けるイメージをすることです。このイメージ療法は、笑いながら一気にトラウマを解消できます。

やはり「人生一切無駄なし」ですね！

インドの伝承医学・アーユルヴェーダも、インドのアーユルヴェーダ大学に体験に行ったり、日本でインドの先生に習ったりと、東洋医学を学ぶチャンスになりました。

ロルフィングは、筋膜に付着している感情エネルギーの解放というアメリカ式のボディワークでしたが、痛みを伴った涙の治療でした。アメリカ人の女性に東京でやってもらいました。一〇回も頑張って通いました。

一番の思い出はセッションよりも、クリスマスプレゼントにもらったヤモリのぬいぐるみを見て、失神しそうになるほどびっくりしたことです。「ありがとう」を言いながら、顔が最大に引きつって、倒れないように自分を支えるのに必死でした。苦手だった爬虫類の恐怖心を解放するには、びっくりのショック療法でした。振り向いた彼女のTシャツの背中にも、ゲコ（ヤモリ）の絵が極彩色で笑っていました。

沖縄に移住して、独特の声で鳴くヤールー（ヤモリ）に対しても、庭の木にいた黄色と黄緑の美しいカメレオンを見ても、前のように驚かなくなっていました。免疫ができていたからでしょう！

ロルフィングは、恐怖の解放にいいのかもしれません。

アロマセラピーとクリスタルヒーリングとの出会い

鍼治療やロルフィングなど様々な痛みを伴う治療を経て、ようやく心地よい治療に出会えたのが、アロマセラピーのマッサージです。這うようにして、週一回のマッサージに一年三カ月間通ったのも、香りと天使のような手のタッチがとても気持ちよかったからです。

最初から美しいメッセージ性のあるイメージがどんどん出てきて、マッサージをする人からその実況中継に「できることならビデオにして見せてほしい」とまで言われました。

赤と金の美しい衣装を着た生々しい千手観音のたくさんの手が踊って、まず美しいシルクのシースルーの着物をくれました。若い女の子が二人付き添って着せてくれました。そのあと、またたくさんの手が踊って、今度はいい香りのする蓮の花のつぼみをくれました。癒しが終わると、蓮の花が開くと教えてくれました。

そのときの千手観音にそっくりの仏画（タンカ）を十年後にチベットで見つけて、思わず買ってしまいました。今は「天の舞」の瞑想ルームに飾られています。

アロマのマッサージ中に、イルカのイメージが突然出てきたこともありました。

まず大きな滝がイメージに出てきて、それをさかのぼるピンクドルフィンがいろんな世界観の枠をはずす方法を教えてくれました。信じられないような不思議な世界を生々しくイメージで見ることができました。海だけでなく違う次元にもイルカがいることを体感しました。

その後、ハワイで生のイルカにしっかり癒されて、すっかりイルカの大ファンになりました。そのせいか、クリニックにはイルカのモチーフがたくさんあって、診療室の吹き抜けの窓にもイルカのデザインのステンドグラスが象徴的に輝いています。

アロママッサージを受けながらのイメージの次に、もっとびっくりしたのが、クリスタルヒーリングです。意識が大きく変容して、普段の瞑想では行けなかったとてつもない大きな世界に意識を運んでくれました。

最初のクリスタルヒーリングでは、地球のなかのユートピアの世界「シャンバラ」へ意識が入って行きました。チベットの山奥に小さな可愛い家があり、そこにモーゼのようなマスターがいて中に案内してくれました。メタリックなグレーの丸い宇宙船があって、それに乗って他の銀河を訪ねました。内部はとても静かで音もなく、瞬間移動でどこにでも行ける便利な乗り物でした。その円盤を十年後に読んだ本『超シャンバラ』（徳間書店）の表紙に見つけて、びっくりしました。やはり、幻想や妄想ではなく、シャンバラの円盤だったのだとうれしく懐かしく思いました。

二回目のクリスタルヒーリングでは、太平洋のオーシャンセンターを訪れました。透明な球体のクリスタルのような建物が海の底にあって、金髪で長い髪の美しいイエス様のような男性が手を広げて迎え入れてくれました。そこは三六〇度のスクリーンがあって、地球の海の様子が見えるようになっています。タンカーの座礁事故などで原油が流れだしたりすると、たくさんのイルカたちが浄化に派遣される様子を見ることができました。

さらに、金髪で長い髪の白人女性に紹介されてハグをしたとき、アトランティスの解放が終わるころに再会できると言われました。

再会を楽しみにしていたら、沖縄で友人が主催するセミナーに来たアメリカ人の女性がその人にそっくりでした。自著『ツインソウル』（主婦の友社）に登場するアリエールさんです。

会ったとたんに、ツインソウル（魂の双子のような存在の人）だと言われてびっくりしました。私はローズクォーツのピンクファッションで、アリエールはアメジストの紫ファッションだったのも不思議でした。さらに、彼女もアロマ、クリスタル、ヴォイスヒーリングに笑い療法と、同じような癒しをしている人でした。

三回目のクリスタルヒーリングは、とても宇宙的でまだ表面意識がついていけませんでした。水星に意識が飛んで、気がついたら宇宙会議に出席していました。まるで映画『スター・ウォーズ』に出演しているかのようでした。このイメージについてはこれから解明されるかもしれません。楽しみです。

クリスタルの不思議な力を、十分に感じることができました。

さらに驚きの体験が、過去生療法のヒプノセラピーです。自分でエジプト時代に舞台女優だった過去生のイメージを見て本当にびっくりしました。セラピストも同じ映像を見ていたので、さらにびっくり。さらに続きがあって、同じ過去生を別の人のヒプノセラピーでさらに詳しく見ることになりました。

それは断食療法のときでした。はるばるカナダのトロントまで行き、湖畔のロッジで一週間、これも不思議な体験でした。「食べる」という行為を忘れるところまでいきました。そこで体験した世界は、それまでの価値観が総崩れするだけの威力がありました。エジプト時代の女優が堕胎しないで、可愛い男の子を出産して歓びの体験をしました。そのときは、まさか将来自分が、過去生療法をやるようになるなんて、思いもよらなかったのです。

一週間で七キロやせて、日本に戻ってからもさらに六キロやせることができて、吹けば飛ぶような軽い体になりました。今はまた九キロ戻ってしまい、あれま〜でございます。

でもそのおかげで、何が起きても動じなくなり〝かわいいピンクの不動明王〟になりつつあります。そして今ではベリーダンスを始めて、くびれづくりに熱中しています。

ホリスティック医療の時代

そして、自分でクリニックを開業してからは、自分が心地よいと思ったなるべく簡単な方法を組み合わせて、現在の治療法におさまっています。

アロマ、クリスタル、ハンド、そしてヴォイスヒーリングを加えたホリスティックな治療法です。さらに、長年の経験から笑い療法も加わって、リーディングによる過去生療法も大活躍。ピンク色の処方箋には、おすすめアロマ、クリスタルを書いて、その他のところに、おすすめ映画や本、アドバイスを書くようにしています。

患者さんには、アロマのオイルを嗅いでもらい両手にクリスタルを握ってもらって、ハンドヒーリングとヴォイスヒーリングをします。

圧巻は、なんといっても、**ハグ（抱きしめる）療法**です。

ハグをしながら、「生まれてきてくれてありがとう！」「今日までよく頑張ったわね！」など、愛がいっぱいの声かけをすると、患者さんのインナーチャイルドがうれしくて泣き出すのです。

愛欠乏症の人は、過去生のヒントなしでも、これだけで十分解放ができるようです。

さらに、密度の濃い「**インナーチャイルドの癒し**」は、ぬいぐるみを抱いて、自分の三歳児をイメージしてもらって、愛を注ぐことです。**自分を認めることが、こんなに心の安らぎを得られる**ことにびっくりします。

自著『インナーチャイルドの癒し』（主婦の友社）を参考にしてください。フワフワのぬいぐるみは最高の癒しになります！

インナーチャイルドが癒されて、ひと泣きした後は、やっぱり**笑い療法**です。

「笑う門には福来たる！」は本当です。笑いは万病に効きます！

涙あり、笑いあり、まさに沖縄の歌『花』そのものの癒しが、今の時代求められていると思います。

癒しのハンドブックのような本『人生の癒し』が文庫になりました。
自分で簡単にできる、セルフヒーリングワークがたくさん詰まっています。
ホリスティック医療を始めて十七年、やっと少しつかめてきたような気がしています。
これからも楽しんで、楽しくて不思議な癒しの道をGO！

心身を整えると、エネルギーの流れがよくなります

心と身体の不思議な関係

心と身体は、決して別々ではなく、常にお互いに影響しあっています。

心が沈むと身体もすぐに反応して、代謝や気（＝エネルギー）の流れがスローダウンして、停滞します。心がはずむと身体も躍動して、代謝やエネルギーの流れも早くなり、しこりも取れたりします。

本当に私たちの身体は不思議です。逆に体調がよくないと、心も沈んで元気がなくなり、やる気も出てきません。**心と身体はまるで合わせ鏡のようです。**

みなさんは、どんな方法で心と身体のケアに気をつけていますか？

病気になる前に、予防的に身体の調子を整えることは、とても大切です。そのほうが前病段階で対応できて、大事にならないからです。

私も今までに、何度か必要に迫られて、身体の調整をしています。最初に出会ったのは、

アロマセラピーです。アロマは香りのことです。今はどこへ行ってもアロマオイルを購入できるほど、ポピュラーになってきました。

沖縄恩納村のクリニックがある「天の舞」では、アロマのマッサージもやっています。二〇一一年の一月から、クリニックでもアメリカのヤング博士のパワフルなアロマを使いだしました。それを使ったアロママッサージを始めて好評です。レインドロップというエネルギーセンターを癒し、活性化する方法も取り入れています。

ヒーリングのセッションをして、アロマのマッサージを受けて、身も心もほどけてリラックス、最高の心と身体のトータルケアですね。沖縄では、沖縄自体がほどける波動をたくさん出しています。ちょうどクリニックの向かいの「天使ルーム」が、アロママッサージルームなのです。パワフルなクリスタルも置かれていて、クリスタルパワーも応援してくれています。

セッション中にアロマを使うため、クリニック中にいい香りがして、ディーバ（妖精）の愛であふれています。まだ、アロママッサージを体験されていない方、ぜひおすすめです。身も心も溶けて、エネルギーの流れがよくなりますよ！

手足やお腹などは、自分でもセルフマッサージができますが、やはり人にしていただくと自分へのご褒美になります。ちょっと王女さまになった気分！　スキンシップは情緒を安定させます。そして大切な愛情表現でもあります。自分への愛に、ご褒美に、ぜひ一度アロママッサージを受けてみてください。とても気持ちよくて、はまりますよ！

＊解毒して生まれ変わる

昔カナダで、身体のなかから毒を取って生まれ変わる体験ができるコースを受けたことがあります。リトリートといって、カナダやアメリカで盛んです。

カナダの湖畔で、一週間の断食のセミナーを受けました。サプリメントや宿便を取るためのゼリーを飲んだり、コロニックスという高圧浣腸も受けました。当時は過労で倒れていたので、身体にいいものはなんでも試しました。そのときにヒプノセラピーを受け、浄化には過去生の感情の解放も必要だと実感したのです。

ヒプノセラピーでは、エジプト時代の過去生を二回も行い、その体験から、過去生について信じるようになったのです。すべてはうまくいっています。心も身体も解放されて、エネルギーも体重も軽くなり、ホリスティックな治療を受けたことで、自分の進む方向性も決まりました。そのためには解毒とヒプノセラピーが必要だったのです。

すべてのことは起こる意味があります。

感情をためてしまったことにも意味があるのです。**病気の治療も、意識が変わるために**

必要なプロセスなのですね。そう思ったら、もっと力を抜いて生きてもいいかもしれません。深刻にならないで、すべての状態を味わって、楽しみましょう！

＊ホリスティックに癒される

過労で倒れ、あらゆるヒーリングを試し、それが見事に統合されて、現在の仕事に生かされています。そしてまた、いくつかの健康法を取り入れて、楽しく試しています。

今はまっているのが、太鼓を叩きながら歌いながらの瞑想、骨盤枕、フラメンコ、ベリーダンス、カニ踊り、そして一番大切なクリスタル瞑想。大好きなクリスタルを握ったり、お気に入りのクリスタルワンドを持ってみたり、楽しく続けています。

『骨盤枕』は、書店で見つけました。毎日五分ずつ、骨盤枕をするとウエストがかなり細くなりくびれができて、骨盤のゆがみが取れて腰痛もなくなるそうです。まだウエストの変化には至りませんが、簡単にできておすすめです！

恩納村に来てから始めたフラメンコとベリーダンスも楽しい踊りです。スペインや中近東の過去生できっと踊っていたのかもしれません。まさに魂の解放です。みなさんもピンとくる踊りをやってみませんか？　魂が歓びますよ！

そして、今まで何度も登場したカニ踊り。自宅で簡単にでき、何より笑い療法も加味されています。カニ踊りは、最強の言霊パワー「すべてはうまくいっている！」を大きな声で唱えながらピースサインをして横歩きします。いつもクリニックや講演会の最後にみんなでカニ踊りで盛り上がっています。

癒しとは、エネルギーの流れのバランスをよくすることです。サラサラと気持ちよく流れる、自分が気に入った方法を楽しくやり続けていきましょう！

心も身体もイキイキ、輝いてきますよ！　レッツ、サラサラ！

あなたの本当の主治医はあなたです

今までの医学の思い込み

沖縄の高校で授業を担当していたことがあります。看護科で四年間、福祉科で三年間、とても貴重な体験でした。専門の精神医学のほかに一般医学も教えていました。そのため、授業の準備として医学の最先端をインターネットや本で調べているうちに、いろんな側面が見えてきました。

今までの医学の常識的な知識が、単なる医師たちの集団の思い込みにすぎなかったことがわかってきて、本当に目からウロコです。

たとえば、塩分を控えめにすることが高血圧に大切とみんなで信じてきましたが、実際は医学的に証明されたことがなく、むしろ塩分をしっかりとったほうがいいことがわかってきました。だから、みそ、しょうゆ、漬物と塩分の多い食生活をしている日本人が、世界で一位の長寿国なのです。

薬局をやっている薬剤師さん二百人を対象にした講演会のときに、「高血圧の薬を飲み始めて、体調を崩して薬局に来る人が多い」と聞いてびっくりしました。

血圧は個人によって、正常値が異なるので、一律に決められている値で判断しないほうがいいのです。**検診や人間ドックの結果に動揺しないでほしいのです。**『生きかた上手』（ユーリーグ）の日野原重明先生も同じ説を唱えていらして、とても心強いです。

たとえば、同じ女性でも身体が大きな人と小さな人とでは、血圧の正常値が明らかに違うと思うのです。身体の大きさが全く違うのですから、小さい人のほうが血圧が低くて当然です。無理に血圧を上げたらかえってダウンしてしまいます。

普段、調子がいいときの自分の値が、自分にとっての正常値です。少し高めの血圧でも、その圧力が血流を全身にまわすには必要なら、その血圧がいまの自分にベストなのです。人生と同じように平均値と比べるのは意味がありません。自分の今までのデータと比べるなら意味が出てきます。

人間をその人固有の存在として捉える、ホリスティックな見方をしていく必要があります。

塩分だけでなく、コレステロールは動脈硬化の元凶のようにいわれていますが、脳の約七割がコレステロールのため、無理に下げてしまうと脳の栄養素が足りなくて、アルツハイマーになってしまいます。

高脂血症と言われてコレステロールを下げたために、また体調を崩す人が増えて、今問題になっています。アルツハイマーの患者さんが増えているのも、コレステロールを下げすぎているからかもしれません。

高脂血症と言われた六割の人が、下げる必要がないのに薬を飲まされています。良質な油、オリーブ油などをとっている人のほうが、脳が活性化されて頭の働きがいいのですね。

＊「健康常識」に振り回されない

アメリカで腸の内視鏡手術を開発した新谷弘実《しんやひろみ》先生は、三十万例の腸を診てきて、腸相がいい人が病気にならないことがわかり、著書『病気にならない生き方』（サンマーク出版）には常識を覆すことがたくさん書かれていて、目からウロコです。

新谷先生の本によると、「牛乳は、もともと子牛のためのもので、人間には合わなくてかえって身体に毒」。しかも、熱処理をして加工した牛乳を子牛に飲ませたら五日間で死んだそうです。せっかく酵素の多い生乳を熱加工することで、酵素が全部失われるからです。

牛乳で私たちはカルシウムをとろうとしていますが、牛乳を飲むと急にカルシウムが大量に入ってきて、身体はバランスをとるためにあわてて力ルシウムを排出して、かえって骨粗鬆症《こつそしょうしょう》になってしまうそうです。せっかく骨粗鬆症の予防のために飲んでいる人にはショックな話ですね。

沖縄では戦時中、ヤギミルクで多くの子どもたちが助けられました。ヤギのミルクはインドの伝承医学・アーユルヴェーダの解説では、人間のミルクに一番近く、私たちの身体に合っているのだそうです。だから、アトピーの人でもアレルギーのある人でも飲めます。

私も小さいときから牛乳が苦手で、よくこぼして母に叱られましたが、身体が嫌がっていたのですね。「どうして人間なのに、牛のおっぱいを飲まなくてはいけないの？」と疑問に思っていたのですが、その疑問は当たっていました。

東京時代、カナダで断食をして高圧浣腸で腸のお掃除をしたときも、半透明のクラゲのようなミルクの未消化物が大量に出てびっくりでした。今では豆乳やヤギミルクを飲むようにしています。

「牛乳信仰」が、私たちの潜在意識に入っていますが、カルシウムは小魚からとるのがいいそうです。

さらに、「ヨーグルトを常用している人の腸相はよくない」とあって、やはりこれも「ヨーグルト信仰」だったのかとびっくりです。もともと自分の腸内にある乳酸菌を信じてあげたほうがいいようです。

そして発酵食品を食べて、体内酵素を増やすことが免疫力を高めるそうです。私もみそ、納豆は大好きです。身体の酵素をむやみに減らさないこと。それにはカフェインの入った飲み物やお酒を控えましょう。

新谷先生は玄米や野菜、小魚を中心とした和食をとられています。もともと日本人の腸は肉食に慣れていなくて、牛肉を食べるようになって、大腸ポリープや大腸がんが日本人に増えてきたとおっしゃっています。今、アメリカから牛肉が輸入できにくくなっているのも自然の流れかもしれません。

健康について、今まで私たちが信じてきたことが、単にマイナスの思い込みだったことがわかる時代になってきました。

歯も体調と密接な関係があります。歯に詰めていたアマルガムは水銀で、それが溶け出して体調を著しく悪くするので、すぐに樹脂に入れ替えたほうがいいです。私も埋め込んでいましたので、さっそく実行しました。

＊治療法、予防法も自分で決める時代

時代が変わって、西洋医学だけでは難しくなり、ホリスティック医学の出番になってき

ています。ヒーリングスクールにも、医療関係者が参加してくださるようになりました。

沖縄のある病院でスタッフの研修に呼ばれて、代替医療の話をしました。香りやクリスタル、愛の言葉かけ、スキンシップ、笑いなどが、とてもエネルギー的に役立つことをお話ししました。多くの看護師さんたちが熱い眼差しで真剣に聞いてくれました。

少しずつ、スクールを卒業した看護師さんが、病院で香りとスキンシップ・ハンドヒーリングを使い始めています。笑い療法が入ったカニ踊りも、楽しく意識が変えられるせいか、だんだんと広がってきています。笑うことで痛みや抑うつの気分が軽くなっていきます。手術と薬だけの医療では、そろそろ行き詰まってきているのです。

医師は自分が習った狭い知識だけに安住しないで、心を広げて民間療法やあらゆる治療法に目を向ける必要があると思います。

あちこちで、メンタルヘルスについての話をしてほしいという研修や講演の依頼が増えてきました。緊張をほどき力を抜いて、楽しく仕事や勉強をしていく時代に、ようやくなってきました。

緊張や力を入れることは、自律神経の交感神経が優位になって白血球の顆粒球《かりゅうきゅう》が増え、組織を破壊していくのです。炎症や潰瘍ができてしまいます。逆にリラックスすると、副交感神経が優位になりリンパ球が増えていきます。

そこで、簡単に副交感神経を刺激して免疫力を上げる爪もみ療法をおすすめしています。免疫療法の安保徹先生と福田稔先生監修の本『「免疫を高める」と病気は必ず治る』(マキノ出版)で知り、これは簡単で効果があると思い、講演会や授業で実演しながら楽しく広めています。

交感神経を刺激する薬指以外の爪の付け根を親指と人差し指ではさむようにして一〇～二〇回ずつもんで刺激をする方法です。これは、テレビを見ながら、会議中や待っている間でもできるので、とても簡単な方法です。さっそく試してみてください。

そのほかに免疫力を高めるには、ゆっくり食事をとる、身体を温める、適度な運動をすることがおすすめです。もし私たちが、西洋医学で打つ手がないと宣言されても、あきらめずに別のホリスティックな方法に目を向けたら、きっといい情報が入ってきます。

体験主義の私は、それをまず自分で試して、よければ人にも伝えるようにしています。みなさん、いい情報があったらお互いに伝え合いましょう。そして感じてみましょう。ピンと直感で気が進んだら、自分には合っているかもしれません。

ある素敵な女性が、乳がんの手術のあと腕が上がらなくなり、リハビリを受けましたが、効果がありませんでした。そこであきらめないでフラメンコを始めたら、腕が上がるようになったそうです。今ではカルチャーセンターでフラメンコを教えるほどに回復しています。

楽しいことで身体が回復するのが一番です！　みなさんも、これはと思う方法があったらぜひ試してみましょう。

これからの時代、本当の主治医は自分です。病院を選び、医師を選び、治療法を自分で選んでいくのです。

そして何よりも大切なのは、普段の生活で免疫力を高め、病気にならない生活習慣を身につけて予防医学的アプローチを心がけることです。

沖縄に移り住んで、私の免疫力はとてもアップしています。アーユルヴェーダですすめている大事な苦味をたっぷり、ゴーヤーチャンプルーでとっています。なるべく新鮮な野菜と果物をとるようにしています。海藻はもずく、昆布、ワカメ、アーサなど、以前よりもとるようになりました。

北海道の昆布を一番消費しているのは、沖縄だそうです。沖縄では、昆布のことを「くーぶ」といいます。かんぴょうやこんにゃくと煮込む「くーぶいりち」はとてもおいしいです。

沖縄に移ってから、なんといっても、海で遊ぶことが増えましたし、大好きな面白い木、ガジュマルとも対話したり、リクエストがあれば、登ったりして遊んでいます。クリニックから見る東シナ海にも癒されています。

本当に沖縄に移ってよかったとしみじみ。青とグリーンの鮮やかな色が見事で、ウットリです。みなさんも、日本にある南の島、沖縄にぜひいらして、心も身体も癒されてください。

自分の身体は自分で大切に守っていきましょう！

ペットはあなたの癒しのパートナーです

＊ペットロス症候群の意味

大切な家族の一員であるペットは、日々の生活のなかで私たちを癒してくれます。お互いに癒し癒される関係なのだと思います。

今、大変なペットブームなのも、人々がペットを本当に求めているからです。時々クリニックに「ペットロス症候群」の患者さんも相談にみえます。ペットが亡くなると、家族を亡くしたのと同じくらいの悲しみを体験します。

東日本大震災でも多くのペットが亡くなったり、助けられても飼い主が飼えなくなったり、悲しいニュースを聞いて、胸が痛くなりました。

でも、**ペットも生まれ変わりがあるのです。また再会できるのです。**

ペットにもそれぞれの「魂のしくみ」があります。**飼い主の愛を忘れていません。**また逢える日を楽しみに待っています。

新しいペットの目を見ると、前のペットの生まれ変わりかどうかがわかります。ペットロスで嘆いた患者さんが、気を取り直してまた飼い始めたら、やはり前のペットの生まれ変わりだったと喜んでいました。

しぐさや見つめる目がそっくりだったりします。一度、家族の一員だったペットが亡くなると、もう二度と飼いたくないと思ってしまいます。でも、また生まれ変わってくるのだと思えれば、再会の喜びを体験できます。

中・高校生のころ、リズというメスのダックスフントを飼っていました。弟と一日がかりで作った犬小屋をあっという間にかじって跡形もなくなり、唖然とした覚えがあります。庭を駆け回ってよく動く尻尾が、どこにいてもわかる目印になっていました。

つらいとき、リズと遊んでずいぶんと癒されました。はらはら泣いていると、「どうしたの？」と心配そうに覗き込んで愛くるしいまなざしで愛をくれました。

七歳で病死しましたが、そのとき離れて暮らしていたので、母から聞いてショックでした。しばらく夢のなかにリズが出てきて、「私こちらで元気だから」と慰めてくれました。

それからずっとペットから遠ざかっていましたが、現在、また同じ種類の犬を飼うようになり、やはりペットに癒されて幸せな日々を感じています。「ハッピー」や「ラブちゃん」の目を見てリズの生まれ変わりではないとわかるのですが、しぐさが似ているとふと思い出すのです。

どこかでまた生まれ変わって、誰かを癒して生きているかもしれないと思います。

ペットから学べる「あるがまま」

子育ての代わりにペットと交流している人もいます。

何らかの事情で子どもは産めないけれど、ペットを飼うことで、それに近い体験はできます。子どもと違って、大人になっても自立して去っていかないので、ずっとそばにいられる喜びがあります。フワフワのやさしい肌触りのため、とても心が穏やかに落ち着いてくるのです。

ペットを抱いていると、それだけで、癒されます。

こちらからも**愛を与えるレッスンになります**。スキンシップを通じて、無償の愛を体験できるのです。

犬の場合は、散歩やトイレの世話が大変ですが、元気いっぱいの姿を見るだけで、幸せな気持ちになります。

とくに子どもにとっては、自分よりも弱い立場で、慕ってくる存在がいるだけで、必要とされる喜びを味わえます。

お互いに愛し、愛されているという温かい関係を築くことができます。

猫の場合は、散歩やトイレの心配がありません。自分の意志でやってくれます。自由に**自分の気持ちを最優先にして行動している姿を見ていると、「あるがまま」の生き方を学べます。**

世間や親を気にする人にとっては、猫と一緒に過ごすことで、無意識に自主性を学べるのです。

いつの間にか、お手本がそばにいるのです。

何でもコントロールするタイプの親に育てられると、従わなくてはいけないと思い込みます。

また、自分が大人になると親と同じようにコントロールをしたくなってしまいます。

猫と生活していると、コントロールがきかないので、自由気ままな生き方を見ながら、自分もそうなっていく心地よさがあります。

「コントロールする・される」というゲームから解放されるのです。自然に自分の本当の気持ちを大事に生きていくようになります。

「あるがままに生きてもいい」というモデルを身近に置くことになるのです。

さびしいインナーチャイルドにとっては、そばにいてくれるペットの存在は兄弟や親友のようにとても大切です。

私も、子ども時代から高校生まで、リズやセキセイインコに癒されて、寂しさを乗り越えることができました。ペットと交流しながら、愛が循環していたのだと思います。ペットは思っている以上に癒しの存在です。

ペットを愛し、愛され、無償の愛でつながっているのです。

ペットたちに、いつも癒しをありがとう！

「ひとり」を楽しむとインナーチャイルドが癒されます

＊芸術は「孤独の時間」に生まれる

みなさんは、一人が好き？　二人が好き？　それともグループ行動が好きですか？

私は、学生時代、どちらかというと、一匹狼派でした。ゲーテの言葉「芸術家よ孤独であれ、作品ができたら人々のなかで披露せよ！」を雑誌の中に見つけ、一人を楽しんでいました。

本が大好きで、高校時代は、レポート用紙の台紙に棒グラフを書いて、各ジャンル別に、読んだ本の冊数を分析してなるべく満遍なく読むように心がけていました。文学、歴史、科学、政治、経済、美術、音楽などと分けていたのです。でもそれが今、精神科医として、また本を書くのにも役立っています。

書店で時間を過ごすと、何時間でも飽きなくて、図書館に行くと泊まり込みたいほど、時間を忘れて本のなかの世界に没頭してしまいます。

一人で集中する時間が、自分の潜在意識を超えて魂に触れ、自分の本質があふれてくるのだと思います。

本や音楽、映画、展覧会などは、心のデリケートな部分に響くので、気の合う人となら一緒にいても楽しいのですが、そうでなければ一人のほうがずっと楽です。自由気ままで、自分を感じられて、より創造性が磨かれていくと思います。

一人のときに自分と向き合って、内省的に自分のなかの宇宙とつながって、独創的なアイデアやインスピレーションがわいてくるのです。

芸術家が孤独になるのはそのためです。

✳引きこもりにも意味がある

「魂のしくみ」でも、ある人生でたくさんの人々と交流したけれど、自分の時間を持たずに創造性が開かなかったと反省した魂は、次の人生で孤独になる時間を長く持って、自分を見つめ追い込むことで、独創性を引き出そうとします。

だから、**病気になって引きこもりになっていても、それすら大きな意味があるのです。**

引きこもっている人は、実は昔アーティストだったのです！　また充電して花開きます。

このごろは、セミナーや講演会で、みなさんに素敵なアファーメーション（断言）をすすめています。

「私は、アーティスト。毎日がクリエイティヴ！」

今、ここで何回か口ずさんでみてください！

素敵なフレーズでしょう？

いつも本音で生きている人は、きちんと自己主張できてＯＫですが、まわりに合わせようとするタイプの人は、意識的に自分だけの時間を創らないと、ストレスがたまって疲れてしまいます。

たとえ結婚して家族ができても、やはり一人になる時間はとても大切です。自分らしさを見つけ、磨くのに必要だからです。

一人で自由に動くと、思いがけない素敵なハプニングや気づきがありますよ。**一人を楽しむと、「インナーチャイルド＝内なる子ども」がとても喜んで癒されます。**

みなさんも、わざと計画を立てないで、行き当たりばったりの自由な一日を味わってみませんか？

一人の素敵な時間を楽しんでいると、いろんなことが起こって、素敵な偶然も発見も起こります。そして、二人の時間も、グループ行動も楽しくなってきます。

大事なのは、フットワークを軽くすること！

直感を信じて、そのままますぐに行動を起こして、流れを楽しむことですね。

学生時代、若いときにどんどん旅や海外でのホームステイ、留学などを経験してみてください！　そのとき、時間の密度はいつもよりも濃くなって、生涯忘れられない思い出になります。

私も沖縄に移り住んでから意識のやわらかい沖縄の人、やさしい自然にふれて、ますます「人生はすばらしい！」と感じられるようになりました。

みなさんは、まわりに振り回されたり、自分の時間をもてなかったりしませんか？

自分の時間も、ちゃんとスケジュールに入れてみましょう！

きっと自分らしさを再発見して、イキイキしますよ！

自分らしさを大切に、自分一人の時間も大切に！

PART 3

浄化するほど幸せが満ちてくる「魂のしくみ」

いらないものをスッキリとれば、本来の自分の輝きが見えてくる

熱や痛みは「体の浄化」、愛と笑いは「心の浄化」です

＊「浄化」すると、自分のなかから光があふれだす

まずシンプルに「浄化とは何か？」を考えてみたいと思います。「本当の自分」である魂は、「光・意識」ですから、浄化の必要がありません。すばらしい光の自分が奥に内在されているのです。

その手前の潜在意識が時々、表面意識の思いがマイナスになるときに、中の光が閉ざされて、あふれ出てくる光が少なくなってくると、そのブロックを取るために行われる作業が浄化だと思います。

そのブロックは、心にも身体にもあります。浄化されるたびに、内側の宇宙から引き出される光が増えて、さらにキラキラに輝き、パワーアップするのです。

だから私たちは、心身共にいろんな方法で浄化して、光の量を増やして、もっと輝きたいのです。

ブロックが取り除かれること、流されて出ていくことを「解放」と呼んでいますが、そのまま「浄化」と呼んでもいいでしょう！

浄化には、自然治癒力で無意識に身体と心が表面意識に関係なく自動的に起きるときと、表面意識が意図的に自分をなんとかしなくてはと感じて、能動的に「癒し」という形で浄化を行うときとがあります。

自然治癒力が順調に働いて、心と身体が連携して浄化がスムーズに起きるときは、とくに表面意識まで、「なんとかしなくては」と気づかなくてもいいのです。

自然治癒力がうまくいかなくなって、このままでは身体も心も動かなくなると思ったら、魂が直感を送ったり、症状を重くしたりして表面意識に伝えます。

それから「このままではいけない、なんとか対処しなくては」と思い始めて病院に行ってみたり、治療院を訪ねたり民間療法を始めたりするのです。

＊身体の浄化

身体の「浄化」には、ストレスを内臓にためこんで病気にならないために、外側へ排出する症状で処理するシステムとして、主に、次の十項目があります。

1　湿疹で浄化
2　抜け毛で浄化
3　咳で浄化
4　げっぷで浄化
5　おならで浄化
6　下痢で浄化
7　高熱で浄化
8　頭痛で浄化
9　痛みで浄化
10　かゆみで浄化

そういえば当てはまると思う人が、多いと思います。

これらの症状は、すべて、毒を出す「デトックス」といってもいいでしょう！

そう思ったら、**今まで嫌な現象、なんとかなくしたい症状と思っていたのに、急にありがたいと思えて、身体に感謝できるようになります。**

まず湿疹は、身体のなかで細胞の再生が一番早い皮膚から毒素を出そうとしています。

足の裏から皮がむけて、びっくりしたことがありませんか？

　足の裏から、エネルギー的に大量に排出されていますが、浄化が激しく必要なときには、皮までぼろぼろむけてくるのです。ある程度デトックスができると、落ち着いてきてまたきれいな皮膚に戻ります。

　抜け毛の場合も、髪の毛が多少抜けるのは、考えすぎや悩みすぎ、緊張の連続のときのストレスを毛と毛根部分が感じるためで、終わったら緊張が取れて抜けていきます。

　部分的に十円玉大に毛が抜けるかなり強いストレスの解消になると、さすがに表面意識もびっくりして、ストレスが多いと気づいて、皮膚科、心療内科や精神科に行くようになります。積極的なリラックスの方法や癒しで強烈な症状が緩和されてきます。

　抜け毛が嫌な人は、頭痛のコースを選びます。ほどよく両方を選ぶこともあります。

　自分よりも荒い波動の人と接して、それをかなり吸ったときに、小出しに吐き出すのが、咳、げっぷ、おならのコースです。

　下痢は、便秘が解消される短期集中コースです。不安、緊張、悩みが続くと、エネルギーがほとんど上半身、とくに頭部に集まるため、下半身がエネルギー不足となり、しかたなく腸が休んで便秘になるのです。下痢は一気に下腹部の浄化をしてくれ、さらにエネルギーを下半身にとりもどす働きもあります。

高熱は、頭部にたまりすぎたエネルギーを放出し、実務的に、細菌、ウイルス、がん細胞、霊ちゃんを追い出す上等作戦です。

痛みは、「ここにブロック、問題がありますよ」という魂と身体からのメッセージで、積極的に対処が必要だと知らせているのです。その軽いのがかゆみです。

まだ、ほかにも症状があると思いますが、こんな感じで実はとても浄化に役立っているのです。身体の症状が見事に浄化に活躍しているのです。

誰にも相談せずに自力で解決したい人は、そのまま症状を続けながら浄化の道を進むわけですが、もし積極的に身体を休めて、エネルギーの流れやバランスをよくする癒しを施せば、必ず症状は軽くなって消えていきます。

心の浄化

心の浄化は、潜在意識の浄化です。

PART2の心の構造の解説のときにも出てきたように、表現せずにためこんだ感情のエネルギーやマイナスの思い込みのエネルギーが、身体の外側のエーテル体＝潜在意識に残っていて、ふたのようなブロックとして奥の光をさえぎっているのです。ひどくなると、やる気、元気がなくなって、うつの状態になります。

感情エネルギーを潜在意識からうまく押し出す、解放するために、無意識のレベルではまず、「ため息」があります。疲れたとき、つまらないときにため息をついて、呼気として感情エネルギーを外に出しています。

それと一緒に声を出すこともあります。そのときのつぶやきは本当の気持ち、本音です。**「身体を動かしたり、伸びをしたり、猫のように自然に身体を動かすこと」をして、潜在意識や同じ周波数の臓器の近くにたまっていた感情エネルギーを動かします。**

次は、「あくび」です。生あくびは、エネルギーを解放するため息よりも強力な短期集中型の浄化です。

私は、浄化装置のように、波動の重い場所にくると自動的に生あくびがたくさん出て、そのとき意味不明の古代語のような言葉も発します。それによって程度がわかるので、とても便利です。

人のヒーリングをしていても、ブロックが重いときは、生あくびが何度も出ます。そのおかげで、その人から重い波動を受け取らずにその場で出せて、便利な浄化法です。

ほかに、「くしゃみ」や「げっぷ」もあります。「眠気」で重い波動を受け取らないようにすることもあります。

クリニックで、霊ちゃんを付けてくる人と話していると、自然に眠気が出てきてすぐにわかります。

そのときは、早めにヴォイスヒーリングをすると、浄化されて、霊ちゃんたちは無事に光へ帰っていきます。この「ヴォイスヒーリング」の浄化力も抜群です。「歌」や「愛の言葉かけ」、「祈り」も声の響きや愛念により浄化の力は素晴らしいです。

「笑い」で浄化されることもあります。

ある講演会で、空いた席に霊ちゃんがその当時の衣装で座っていて、思わず仮装講演会？と思ってしまいましたが、笑いがあふれるたびに、どんどん浄化されて、肉体を持った人だけになりました。しみじみと笑いも浄化力があると実感しました。

＊心身を大浄化する方法

「大浄化」には、「身体への感謝とベストな愛の表現」だと思います。

無意識に、身体が浄化を日々やってくれているのです。なんとありがたいことでしょう。

まず、**それに気づくこと、感謝することでさらに浄化が進みます。身体の細胞が喜んで、浄化活動をウキウキやってくれる**と思います。

すでに、「魂のしくみ」としての浄化作用があるのですから、それに感謝して、さらにスムーズにそれがなされる応援をしましょう！

そして、**能動的な浄化としては、なんといっても「愛」**でしょうね！　それもそのときにふさわしい愛の表現で、ブロックを溶かすことができると思うのです。ときには笑顔だったり、愛の言葉かけだったり、マッサージだったり、祈ることだったり、笑わせることだったり、そのときのベストの表現で愛が伝わっていきます。身体の浄化ができたら、目が輝き、肌がつやつやして若返ってきます。

心の浄化ができたら、笑顔が素敵で、直感がさえて、ワクワク、毎日が幸せで楽しくて思わずすべてに感謝したくなります。

だったら、心身共に大浄化してみましょう！　自分なりの大浄化を楽しみましょう。大浄化が進んだとき、波動がアップして、さらに素敵な人生をクリエイトして輝くことができますよ。

レッツ、大浄化してキラキラ！

身体は宇宙の一部。自分のデトックスで、すべてが変わります

＊身体は宇宙の一部

私たちは、愛の星・地球を舞台にして、いろんな場所にたくさん生まれ変わり、愛の表現を深めてきました。

地上で様々な体験をするために、地球服としての身体は、宇宙からお借りしている大切な宇宙の一部です。

身体は、宇宙の一部だけあって、本当にとてもよくできています。どんなに私たちが身体を使いすぎていろんな支障が出てきても、必ずそれを補うシステムがあって、上手にバランスをとるようになっています。

それでも身体にマイナスになることを続けると、症状が出て休むようにと知らせてくれたり、病気という形で私たちに治療が必要だと教えてくれたり、健康への感謝という気づきをくれたりします。

絶妙にできている身体を知れば知るほど、まさに小宇宙だと感動することが多々あります。身体を創っている細胞は、それぞれの特徴を持っていて、二〜三カ月ごとに再生しているのです。

私は医学部を目指して勉強して、医学部で身体についてのしくみを学びました。初めて、病院実習でお産を真夜中に見たときに、すばらしい「生命のしくみ」に感動してはらはらと涙があふれました。それは美しい小宇宙の誕生でした。子どもが産まれてくる完璧な流れがとても美しいと感じました。

身体は、たくさんの細胞たちが集まってできています。各臓器には、それぞれの働きをつかさどる意識体があります。

まるで、**太陽系が身体にあるように、霊的太陽である心臓を中心に、見事に私たちの身体のなかにも太陽系システムがしっかりと働いているのです。**

肝臓、腎臓、肺臓、脾臓、消化器などが連携されて、精巧なしくみのおかげで地球の表面で生きていけるのです。このしくみ自体が美しくすばらしい奇跡だともいえます。

もっと宇宙の一部である身体を信じて、表面意識を向けてみましょう。

自分の身体をよく観察して、対話を始めると、たくさんの気づきを発見できます。それが魂からの大切なメッセージなのです。身体との対話を習慣にしてみましょう。

「いつもありがとう！」と言いながら、優しく身体をなでると、手から愛があふれて必ず細胞たちに届くと思います。

身体のデトックスで、自分のまわりもデトックス

私たちは、飽食の時代を堪能しすぎて、未消化物を体内脂肪として蓄積し、メタボの身体になってしまいました。その脂肪をなんとか燃やしたり、デトックスしたりしてやせようとしています。今では、たくさんのダイエット方法があります。不況といわれているなかでも、ダイエット産業が大発展しています。

デトックスの方法は、それぞれのやりやすい好きなコースを選べます。様々なダイエット方法が紹介されています。たくさんのなかから自分に合ったものがきっとピンときて、直感でわかると思うのです。

身体が軽くなると、心も軽くなってきます。環境としての家のなかの不要なものも減らすようになって、すべてに整理整頓の流れが始まっています。一つ始まると、すべてに連動するようになります。

すべてがつながっているのです。

私たちの世界は、実は、相似形で動いているのです。それに気づくと、もっと人生が面

白く感じられるようになります。

宇宙のしくみにも関係しているからです。**宇宙は相似形にあふれています。だから、私たちが自分の宇宙である身体を大切にして、デトックスすることで、自分のまわりもデトックスされて、波動がどんどん上がってくるのです。**

デトックスは「アセンション」へのプロセス

デトックスして波動が高まれば、それはアセンション（次元上昇）へのプロセスになっています。

マイケル・ジャクソンのリハーサル映画『THIS IS IT』を観に行きました。世界同時に、二週間限定で上映されるという面白い演出でした。彼の完璧主義と愛のあふれる謙虚なリハーサル風景に感動しました。それまでうわさされていた彼のマイナスのイメージが、あっという間に消えていくようなすばらしい映画でした。

「地球の平和のために自分たちで行動を起こそう」という彼のメッセージが、切に伝わってきました。きっと、彼はそれを全世界に伝えるために、コンサート直前に光に帰ったのだと思います。ずっと後になって、主治医が不眠症の治療に大量の麻薬を使いすぎたことがわかって、同じ医師としてとても残念に思いました。これもマイケルの「魂のしくみ」

では予定通りだったのでしょう。

ベストタイミングに最高の形で人生の舞台を演じきったと思います。彼は先にアセンションしたのでしょう！　五次元の地球で、ネバーランドのような世界を創って楽しんでいると思います。映画で彼の歌とダンスを見ていて、彼が全身の細胞を完璧に意識して、まんべんなく使い、全細胞が歌って踊っているのをしっかりと見ることができました。これもベストタイミング！　すべてはうまくいっています！

身体のなかのリズムを感じることで、身体の宇宙から音楽を引き出すことができます。

歌ったり、踊ったり、楽器を奏でたり、音楽を通じて自己表現を楽しみましょう！

自分の身体にある音楽やインスピレーションを感じることができます。

いよいよ私たちが、このように変化したいと思ったことが形としてしっかりと目に見えて現象化してくる、大切なベストタイミングを迎える時代になったと思います。

自分が関心を持ったもの、興味を示したものが、さらにはっきりと形となって引き寄せます。自分の未来をどのようにしたいのかを感じてみて、今のうちにイメージしましょう！

自分らしいアセンションへの道を選んで歩み始めましょう！

デトックスして、アセンションプロセスへＧＯ！

私たちの愛の祈りが、不安や恐怖心を解放します

＊アセンションを迎えて

ついにアセンションが始まりました。私たちが住んでいる世界・三次元から、次元の高い五次元（光の世界）へと移るのです。

もともと光である私たちは、五次元以上の光の世界に住んでいました。そこから三次元の世界へディセンション（次元降下）して物質世界を体験しにきたのです。そのとき途中の四次元の世界に闇を創って光を際立たせることを思いつきました。

ところが三次元を楽しんでいる間に自分たちが光であることをすっかり忘れてしまったのです。闇に包まれていると勘違いしています。

これから闇が消えて光になります。そして私たちも本来光であることをちゃんと思い出して五次元の光の世界へアセンション（次元上昇）する時代になってきたのです。

これはスピリチュアルなグッドニュースです。

やっと愛の光で闇が消えて光だけの平和な世界を創ることができます。

二〇一一年の東日本大震災では、日本人が互いを思いやり助け合う姿が海外から称賛されました。復興に向けて、日本人が結集して、「愛」という絆で一つにまとまる動きが出てきました。

私たちの潜在意識に残っていた、不安や恐怖のエネルギーがつくっている闇が愛の光で引き出されて、解放されていきます。

自分の心のなかの闇に気がつくと、それをなんとかしたくなり、気になっているとそこへ愛のエネルギーが注がれて、光に変換されていきます。

待ってましたとばかりに愛を注ぎたい人が、自分にできることをどんどん被災地に向けて行動に移すことで、愛が広がっていきます。愛が循環しているのです。

インターネットが大活躍して、被災地に欲しいものが直接届けられました。こうした愛の循環を見ると、幸せな気持ちになります。日本人の精神性の高さに感動です！

これから私たちは、愛を中心に素敵なユートピアの世界を地球に創っていきます。

その過程で三次元から四次元を通り抜けて、一気に五次元の光の世界へと移行していくのです。

＊不安や怒りが闇をつくり、愛と笑いが闇を消していく

私たちもアセンションに合わせて、光輝く自分へと変わりましょう！

それでは、どうやって明るく五次元に向かうのか、具体的な方法について話をします。

まずは、五次元的な無条件の愛に目覚めていること、男性エネルギーと女性エネルギーのバランスがとれていること、そして潜在意識に残っている不安や恐怖、罪悪感、恥、悲しみ、怒り、無念さ、低い自己評価、否定的な思い込み、中毒、絶望、痛み、不健康な雰囲気などがすっきりと解放されていることです。

潜在意識にたまっているマイナスエネルギーは闇を増長させます。四次元の暗い世界を創ります。逆に**愛と笑いは闇を消していきます**。自分のなかの闇を解放して消してしまいましょう！　すっきり、キラキラ！

不幸や困難なことがあっても、誰のことも責めないで、それぞれにみんな健気に生きているのだと愛を感じられるようになると、無条件の愛のレベルになっています。誰かを攻撃したり、誰かのせいにしたりするのはまだ三次元レベルです。

男性エネルギーと女性エネルギーのバランスを見るには、鏡で自分の顔を見るとわかります。左右対称なら大丈夫です。右側の顔が縮んで見えたら男性エネルギーが抑圧されて

います。

しっかり自分を認めて自己評価を上げましょう。左側の顔が縮まって見えたら女性エネルギーが抑圧されています。身ぎれいにおしゃれをしてエレガントにふるまいましょう！

まずは自分自身が五次元の感情と精神を生み出すことで、自分の持ち場を五次元にすることができます。そうすれば自然に五次元を引き寄せることができます。

身体もだんだんと光輝いてきます。楽しみですね！

もちろん、三次元にとどまりたい方は、三次元を引き続き楽しまれてください。

私たちは自由にどんな世界に住むのかを選ぶことができるのです。

五次元へ移りたいと思っている方は、ぜひ積極的に解放と浄化を早めにやってしまいましょう！　三次元に飽きてきた方もぜひ五次元へＧＯ！

そして、東日本大震災で被災したすべての場所、すべての人々への愛の祈りを集中してやってみましょう！

祈りはしっかりとした行動です。

とくに、**愛の祈りは絶大なパワーを持っています。愛の祈りをすることで、自分の潜在意識に残っている闇も消えて光になっていきます。**ダブルの素敵な働きがあります。

みんなで光の世界、五次元の新しい世界に楽しく移りましょう！

自分の意識を「いま・ここ」に合わせましょう

＊緊張を解く方法

「啓子先生は、緊張したり、あがったりしないのですか？」と聞かれると、「変身して舞台に出ても、会場に降りて客席を回っても、どんなに大勢の人がいても、あがることは全くないですね！」と答えるようにしています。

緊張するのは、自分以外のものになろうとするからです。それはとても不自然なので、当然緊張して震えてきます。

あるがままの「いま・ここ」の自分でいいと思うと落ち着いてきます。緊張を取る魔法の言葉があります。「キンチョール！」と言ってみてください。

緊張もついでに虫も取れます。いっそのこと、もっと震えて、踊ってしまえば、不安も緊張も取れて笑えるくらい大丈夫になります。笑いで余裕が出てくるからです。

パニック障害も極度の緊張です。パニックを恐れて抑えるから、なおさらなるのです。

大自然のなかで、積極的に大声を出して解放し、爆発すれば、抜けて、ほどけます。私も、似たような体験をしましたので、どんな感じかよくわかります。

「今の自分でいい」「これでいいのだ！」と、まず思うことです。意識を「いま・ここ」にしっかりと、焦点を合わせます。今の自分を受け入れられたら、とても楽になります。

私は、人一倍集中力があるようです。意識を「いま・ここ」に合わせるのが上手です。そのため、持っている一〇〇%の力を発揮できます。ですから、仕事はいつもうまくいきます。また、一〇〇%信じ込んでいますから、次もまたうまくいくのです。

この一〇〇%のおめでたさが、「本番に強い女」と呼ばれる土台になっているのです。

本番で起きることは、そのまま隠さずに実況中継をします。忘れたら、忘れたと言うのです。わからないときは、素直に「わかりません！」と言うのです。それで、また場が笑いに包まれて、ほぐれて、いい感じになります。

取り繕うと、緊張が走ってしらけてしまいます。深刻になって暗くなります。正直な自分を出せば自然体で超楽ちんです！

自分のなかの宇宙と外の宇宙を一〇〇%信頼していることになります！

ある週刊誌のインタビューでも「越智さんの夢は？　人生の目的は？」と聞かれて「この星を平和にすることです！」と答えて、キョトンとされました。

地球に国境の線が引かれているわけではありません。土地の境界線も勝手に人間が決めているだけです。自然界はバリアフリーなのです。私たちの意識もどんどん自然体になって、バリアフリーの思考で、この美しい星を平和にしましょう！

二〇三〇年には地球が本格的に平和になるというメッセージも届きました。安心して、楽しい日々の創造に集中しましょう！

楽しく踊って、「いま・ここ」を味わいましょう！

「いま・ここ」の空間を「ときめき」へ

「いま・ここ」を味わうために、ぜひ自分がいる空間のワクワク感を高めたいと思います。そのために片づけが登場してきます。

風水の分野では、カレン・キングストンさんの『ガラクタ捨てれば自分が見える』（小学館）という文庫本が片づけのバイブルになっています。

これは世界的なベストセラーになって、風水整理術入門として本当にわかりやすい内容です。

ちょうど、引越しのときにこの本に出会えて、不要な使わない物との素敵なさよならができました。大量にたまっていた思い出の写真も一気に処分できました。

物の片づけができると、憂うつな気分や自分を責める気持ち、物に支配される重さから解放されて、自分を本当に大切にできるようになってきます。

二〇一〇年は、「断捨離《だんしゃり》」がブームになりました。身の回りを物、人、ことの三つの視点で整理整頓することです。ちょうど「天の舞」への引越しがあったので、断捨離をしっかり活用しました。服、本、いろんなものが断捨離されました。

お気に入りだった肌触りのよいガーゼの白いワンピースが、ほつれて破れて着られなくなったのにどうしても捨てられなかったのです。それを切って雑巾にしてきれいに拭き掃除しました。床も窓ガラスもピカピカになりました。

大好きな服を布に戻して、それで大好きな住まいをきれいにするのは、とても楽しい作業でした！

床や棚や窓ガラスに、「ありがとう！　これからもよろしくね！」と声かけをしながら、楽しく拭き掃除をしました。やりとげた後に残ったのは、すがすがしいさわやかさと達成感でした。洗濯と掃除が好きなのは、目に見えての変化と速攻の達成感があるからです。その場の波動が確実に上がっているのも実感できました。

今までも「そうじ力」や「断捨離」などが、素敵なブームになって、私たちの浄化と波動アップに役立ってきました。

二〇一一年は、さらに「こんまり」ブームになりました。近藤麻理恵著『人生がときめく片づけの魔法』（サンマーク出版）が百万部を超えるベストセラーになったのです。私もギリギリ二〇一一年の大晦日に知って、心ときめく片づけをやってみました。さっそく、ときめかない服が紙袋二つ出ました。心ときめく服を丁寧にたたんで、ゆったりとしまいました。とてもうれしそうに輝いて見えました。

「こんまり」さんのおかげで、心がときめくかどうかで片づけをすると、自分を責めず物にも感謝できて幸せ気分が倍増します。しかも、リバウンドがまったくないそうです。

そして、とても穏やかな充足感と幸せな気持ちに包まれます。長年のうつが片づけで解消される人が多いのは、自分もときめき片づけをしてみて実感できました。

すっきりとした空間ができると、自分も我が家も大好きになって、そこでリラックスできるようになります。いいアイディアも浮かんできます。「いま・ここ」のワクワク感が高まるのです。

今まではいろんなカラーの人との交流で、波長の違いを学んできましたが、いよいよアセンションで、三次元から五次元の世界に移行すると、**本当に気の合う好きな人と楽しむ流れになってきます。**

波長の合わない人とは自然に会わなくなります。感性の違いを本音で語ると方向性がはっきりと分かれてきます。

本音を話すことを恐れないで、勇気を出してやってみると、それまで重荷だった人間関係がすっきりと解決して、さわやかに前に進めます。

そして実際にアセンションの十月二十八日を迎えてみると、ますます楽になってくるのです。

た。やはり地球が三次元から五次元に変わってきたと実感できたと思います。身体がとても軽くなりまし

引き寄せの力が倍増しました。思うとすぐに叶うのです。暗い内容の本が読めなくなりました。そのおかげで本の整理が簡単にできるようになりました。今まで苦手だった人、嫌な人にも本音を語ることで自然に離れていきます。

これから新しい時代、ユートピアを創っていくとても楽しくて大切な時代に入りました。音をたてるように大変化が押し寄せてきます。それに飲み込まれるか、その大波の上に乗って、「ひゃほー！」と楽しむかは自分の思い方次第です。

そのためには、心の中や住むところに心地よいスペースが必要です。**新しいものを取り入れるために、古いものを取り除いておくことが大切です。**

ただ、古いものでも大好きなものはまた活躍することがあります。

引越しの準備をしているとき、守護天使さんが「啓子ちゃん、この部屋を片づけるとあの大好きなオパールのペンダントが見つかるわよ！」とささやいたのです。

「えっ、じゃあこの部屋にあるの？」「この部屋にはないけど、ここを片づけると見つかるの！」ととても奇妙な会話になりました。

天使の言うことは一〇〇％信じるので、さっそくその部屋を片づけ始めました。懐かしい大好きなパンジャビドレスが出てきました。東京時代にパキスタンでつくってもらった思い出の衣装でした。これは納戸の引き出しに入れなくてはとその引き出しを開けたら、探していたアクセサリーの箱が底の右に見つかったのです。まさかこんなところにという場所でした！　ベストタイミングで見つかったのです。

本当に天使が言った通りでした！　物事には順序があるのですね！　**人生とは、次々と扉を丁寧に開けていくプロセスなのだ**としみじみ思いました。

神々の住む出雲での講演会では、片づけの成果の衣装とアクセサリーを選びました。それがアセンションが始まった直後の講演会にぴったりだったからです。

ムーとアトランティスの巫女さんのドレスの色が合わさった不思議なパンジャビドレスです。小さな鏡が三四四六個も刺繍《ししゅう》で埋め込まれています。

ちょうどアセンション祭りのときに、移動のバスの中で、参加者のみなさんが協力して鏡の数を数えてくれたのです。びっくりの量でした。

ムーとアトランティスの統合を象徴するかのような鏡だらけの水色の衣装に深いブルー

の宇宙的なブルーオパールが、講演会の参加者のみなさんを統合とアセンションへの道にお誘いしました。その後の沖縄の講演会でもこのファッションが活躍しました。

ベストタイミングに懐かしい大好きなものが出てきて、最高に幸せです。

人生では、ベストタイミングの調整がいつも表面下で起きています。

その応援をしてくれているのが守護天使さんです。日常生活ですぐそばにいてくれる守護天使さんに意識を向けましょう！　名前をつけて呼びましょう！　愛と感謝を伝えましょう！

「断捨離」からさらに楽しく軽やかな「ときめきの片づけ」へと、ぴったりの演出をベストタイミングに引き寄せてくれます。

私たちが最高に輝く演出がアセンションした新しい時代にどんどん起きてくることを祈って、さらにキラキラの人生になるようにクリエイトしましょう！

二〇一二年は宇宙的な大イベント「グランドクロス」（太陽系の惑星が十字架状に並ぶ現象）があり、またまた波動アップの大チャンスです！　それに向けて、楽しく片づけして心と住まいに素敵なさわやか空間を創りましょう！　ワクワクすることがどんどん引き寄せられてきますよ！

新しいスペースにもっと素敵な物、素敵な人、素敵なことを引き寄せましょう！

さらに波動アップして、ますますキラキラに輝き若返って、幸せを感じる状態を引き寄せます！

ときめき、キラキラ！

PART 4

自分をキラキラにする「魂のしくみ」

内なるパワーに目覚め、光輝く自分になる

自分の「内なる光」に目覚めましょう

スピリチュアルの意味

「スピリチュアル」とは、「霊的」「霊性」「波動の高い精神性」などという意味です。最近では、日本でもそのままカタカナで通るようになってきました。

スピリチュアルの本をたくさん出された江原啓之さんのおかげで、本当にあっという間に「スピリチュアル」という言葉が日本中に広まりました。さらに、江原さんと美輪明宏さんお二人のテレビ番組『オーラの泉』のおかげで「オーラ」という言葉も知れ渡るようになりました。

オーラは、虹と同じ七色の潜在意識の奥に内蔵されている光で、一番強くあふれ出ている色光のことです。そのときの働きによって、表面に強く出る色光が、スピリチュアルな人には見えるのです。

アメリカで開発された特殊なオーラカメラで、オーラ写真が撮れます。これも目で見えるスピリチュアルな体験といえるでしょう！

さらに、過去生、前世のことがだんだん当たり前のように自然に受け止められるようになりました。本当にありがたい、いい時代になりました。

WHOの健康の定義に「スピリチュアルにも健康」という言葉が入るように提案されたそうです。まだ正式ではありませんが、すばらしい流れです。

私も講演会で「**人間の本質は光、本当の自分は虹と同じ七色の光ですよ**」ということを、強調して伝えています。

それだけ私たちの霊性が発達してきて、あの世での常識がこの世の常識に組み込まれる時代になってきたのだと思います。

何年も前に、平和をモットーに一度も闘わなかったインディアンの種族・ホピ族の予言の岩を守ってきた長老にお会いすることがありました。

そのときに「**人類はやっと霊性が成長して、次の段階に行けるようになったのだよ**。これから天変地異は多少あるけれど、すばらしい成長が期待できる」としみじみ語っていらしたのが印象に残っています。

地球の人類はこの二千年の間、ずっと戦争ばかりしてきましたが、それに比べたら今の時代はやっと平和になってきました。せっかくですからもっと平和にしたいですね。

そのためにも、今スピリチュアルに目覚めることが必要になってきています。目に見えない現象のほうがほとんどなのですから、見えるものだけの表面のみを認識していては世界観が狭すぎます。自分の思いの持ち方で、人生が大きく変わってくることもわかり始めています。すばらしいことです。

肉体は地球という星の地上で活動するための器。地球服であってこれだけがすべてではなく、そこに宿っている光・意識が自分の存在であることに一人でも早く気づいてほしいのです。

自分の霊的存在を認めることによって、さらなる次元の扉が開いてきます。それは魂にとって、内なる光にとって、たとえようもない喜びの極致だと思います。

✳精神性が高まって次のステップへ

講演会やセミナーで、瞑想中にそれぞれの人をヒーリングしていると、たくさんの守護天使さんが「よくここまで来た」と涙を流して感動しているので、びっくりです。こちらまで感動のあまりもらい泣きをしてしまいます。それだけ私たちはいつの間にかたくさんの人生を体験して、精神性が高まってきたのだと思います。

マヤ暦が二〇一一年十月二十八日に終わりました。でも地球は大きく壊れたりしていません。マヤ暦が終わっても地球が終わるということではありませんでした。終末論が好きな人たちもたくさんいますが、地球が思っているほど弱くなく無事であることにびっくりしながらも、ホッとしていると思います。

わかりやすくたとえていうと、**地球は、私たちがいろんな体験をさせてもらっている「人生の舞台」のまさに「舞台」なのです。**

人類だけでなく、様々な生命体にとっても素敵な愛にあふれる舞台なのです。芝居なら劇場、映画なら映画館のようなものです。芝居の内容によって、舞台までが崩れることはないのです。

「あの映画館は戦争の映画をやったから、だいぶ傷んで、ぼろぼろになったね」なんて聞いたことはありません。ただし、その舞台を使った後は、お掃除が必要です。

どの時代もちょっと身震いすることで、地表を浄化してきました。天災は、私たち人類共通の潜在意識に、何度も文明が壊滅した過去の体験として組み込まれています。

でも、今回はそのしこりを溶かして、精神文化の発達とともにバランスのとれた自然体の文明に落ち着いていくのです。とても画期的なことなので、たくさんの魂が地上でそれを体験したくて、生まれ変わりが増えています。

私たちはこの時代に生まれ変わることができて、とってもラッキーなのです！　本当にツイていますね！　ブラボー！　いよいよ新しい次元に高まる時代を迎えたのです。なんて素敵な時期に私たちは地球上にいるのでしょう。これが素敵な「魂のしくみ」なのです。お互いに、心からブラボーです。ワクワク、ドキドキ！

新しい時代における「自分の役割」に気づく

先ほど紹介したように、ホピ族の長老から〝やっとわれわれ人類は精神性が高まって、次の段階に上がることになった。そのために、一時的には天変地異も起こるけれど、その後は平和な時代を迎えることができる〟というメッセージを受け取ったとき、「やっぱり！」と心からうれしくなりました。

その体験からまるでスイッチが入ったかのように、私のなかで深い部分が反応し、スピリチュアルな世界における役割の扉が開きました。

きっと世界中のライトワーカー・光の仕事人が、同じころにそれぞれのプログラムで何らかの刺激を受け、スイッチが入ったのではないでしょうか？

何度も地球の人生を体験してきた私たちは、みんながスピリチュアルに目覚めるこの時を待っていたと思います。

それを先に感じて、口ぐせのように「私の使命は、何でしょうか？」と聞きたがる人がいます。

それは、その人の人生のなかに愛のレッスンが進んで、奉仕のプログラムを人生のシナリオに選んでいる場合だと思います。その使命と呼んでいるものが、平和な世界を築く光の天使という役割だと思います。

私たち人類が全体として選んだプログラムは、二〇三〇年ごろには地球の黄金時代を迎えている、つまりかなり平和な時代になるというとってもいいニュースがあります。

それを前提に、今日から自分の人生をそのモードに切り替えてみましょう！　心底、安心感と安堵感と、とっても幸せな笑顔がじわっとあふれてきます。おめでたく突き抜けて、奥に内蔵されている光があふれてきます。

だから、個人の人生もこの時代に合わせて、盛りだくさんにプログラムされているのです。**「どうして、次から次にハードルが続くの？」と思っている方、安心してください。**

そういうことなのですから。

大いに悩んで、潜在意識の感情や思い込みのしこりを溶かしましょう！

すっきりとお掃除できたら、どんどん奥からの素晴らしい光をあふれさせて、楽しい自己表現と創造をしましょう！

誰もが内面に七色の光を内蔵しています。みんなで大きなカラフルなジグソーパズルを完成させましょう！　行動ができない人も、一緒に愛と平和を祈りましょう！　一人ひとりができることを楽しくすればいいのです。

深刻になって眉間にしわを寄せながら心配するのをやめて、もっと明るくおおらかにこの大イベントを楽しみましょう。お祭りだと思えば気が楽になります。光に帰る方は、どうぞ二階席でこのイベントをご覧ください。地上で体験した人々が、いずれあの世に帰って一緒にお茶をしながら楽しく思い出話をしましょう！

この世があの世のようになることも、スピリチュアルに進歩した時代になることだと思います。あの世では常識の生まれ変わりシステムが、この世でも常識になりつつあります。みんなの精神性が高まって、次の次元に一緒に変われるのは、集団としての大きな喜びです。

もう戦いを選ばず、武器の代わりに花を持って愛の歌を歌いましょう！　愛と笑いの素敵な時代を創りましょう！　光の天使の役割を自覚しましょう！

レッツ、スピリチュアルなおめでたい人生を！

「地に足をつける」と、大地のエネルギーをキャッチできます

足の裏はゼロチャクラ？

チベットの仏画・タンカを見ると、足の裏に縦に目が描かれています。

チベットで買ってきた「白ターラ」のタンカが、「天の舞」の瞑想ルームに飾られています。

「ターラ」とは女神の意味です。「白ターラ」と「緑ターラ」があって、「白ターラ」は癒しの女神、「緑ターラ」は豊饒の女神です。私は癒しを担当しているので、「白ターラ」を迷わずチベットで選んできました。

二〇一一年の九月に念願のネパールに行けて、そこで「緑ターラ」をようやく見つけてきました。さっそく瞑想ルームに飾ったら、チベットの「白ターラ」の絵とあまりにもそっくりで同じ人が描いたかのようなマッチングーでした。

「白ターラ」の絵をよく見ると、手の平にも、おでこの真ん中にも、そして、足の裏にも、

縦に目が描かれています。

おでこの真ん中は、有名な六番目のチャクラ（エネルギーセンター）で、よく「第三の目」とも呼ばれています。

直感をつかさどるエネルギーセンターです。

手の平は、ハートから出る愛のエネルギーを出すところでもあり、手でいろんなものに触れて、その波動を感じ取るセンサーでもあります。

では、足の裏はどうでしょうか？

足の裏にも、「今いる場所のエネルギーを感じる」大切なエネルギーセンターがあるのです。エネルギーを感じ取る、診る、観るという意味で、目で表現しているのです。

ここでつい感動的なテレビドラマ『看取りの医者　バイク母さんの往診日誌』を観てしまいました。大竹しのぶが在宅医療に真剣に取り組む女医を最高に演じていました。死に様は生き様であること、そして殺伐としたチューブだらけの現代医療の問題を正面から取り上げていました。「看取る」という大切なことを感じ取る社会でいたいものです。

ヒーリングセミナーでは、**足の裏はゼロチャクラで、大地のエネルギーを感じるセンサー**だとみなさんに解説しています。

もちろん、インドでも精神世界でもゼロチャクラとは表現していませんが、無限の意味を持つ「0（ゼロ）」が足の裏の特徴にぴったりだと感じて、自己流で表現してみました。それがあとで、大きな意味につながることに気づいたのです。直感はすばらしいとあらためて思いました。

私たちは、両足で立ち、大地を踏みしめながら、土地のエネルギーを感じ取っているのではないでしょうか？

その場所が心地よいとしばらくそこに立ち止まり、その心地よい響き、振動を味わいます。その場所が自分にとって、とても居心地が悪いと感じたら、すぐにその場から逃げるように立ち去るのだと思います。

私はかなり昔から、**自分にとって心地よい場所を足の裏で感じ取ると、その場所に大の字になって寝転んで、身体全体でその土地のエネルギーを感じるようにしています。これを「アース」と呼んでいます。**

五分から一〇分くらいで本当に身体の疲れやストレスが取れて、すっきりさわやかです。

地に足をつける意味

地に足をつけることを、英語では、「グラウンディング（grounding）」といいます。現実的に三次元的にしっかり生きること、つまり、日常生活に必要な、片づけ、掃除、洗濯、炊事などを自分でこなせることを意味しています。

スピリチュアルなことに関心を示して夢中になりすぎると、三次元的なことを後回しにしてしまうことがあるので、しっかりグラウンディングをするようにといろんな精神世界の本に書かれています。私も、ついそれが抜けやすいので、意識して日常生活の基本をしっかりしなくては、と自分を励ましながら「地に足をつける」ことを大事に思っています。

ところが最近、びっくりするようなことがわかってきました。

天地の地の意味が、大地だけでなく、さらにもっと深くなかに入ると、地球のなかのユートピアの世界、シャンバラを意識することで、広がりと深みが出てきたのです！

シャンバラについての本を夢中で読んで気づいたのは、「**地に足をつけるとは、シャンバラのパワーを受け取ること**かもしれない」ということです。

まるで、すごい宇宙の法則を発見したかのような、興奮と喜びを感じました！

足の裏は、単に土地のエネルギーだけでなく、もっと深いところの五次元以上の世界シャンバラのパワーを受け取っていたのです。

ネイティヴアメリカンの人々は、先祖からの言い伝えで、ずっと何千年も昔から地下のユートピアの世界のことを知っていました。だから、ネイティヴアメリカンは、

「天国は地面の下にある」

と表現していたのです。

足の裏を表現した、無限の意味を持つ「0（ゼロ）」チャクラは、しっかりと大地のはるか下のシャンバラとつながっていて、すばらしいエネルギーを受け取っていたのです。もし、それを表面意識でも理解できれば、もっとパワーアップできます。

私たちは意識を広げることで、世界観が広がり、さらに楽しくて輝きあふれる人生になります。

足の裏はシャンバラとつながる！

私がはまっているシャンバラの本は、ダイアン・ロビンス著『超シャンバラ』です！表紙から地球が空洞だったことを素敵に表現しています。

まず、表紙の絵を見て衝撃を受けました！　前にも少しふれましたが、東京にいたころに受けたクリスタルヒーリングのセッションで、地球の中の世界に意識が飛んで、そこにいろんな銀河へと旅する宇宙ステーションがあり、この本の表紙にある円盤と同じものに乗って、何の音もせず、あっという間に別の銀河に行く体験をしました。そのときはシャンバラという名前も知らなかったのですが、この本の表紙を見て超びっくりしたのです！

クリスタルの本を書いているアメリカ人のカトリーヌさんのお弟子さん、カナダ人のボブさんからクリスタルヒーリングを受けました。

身体を横たえて、その上にびっしりとクリスタルのタンブルをのせていくのです。私の身体が小さくて、あっという間にできたので、大きなクリアクォーツの原石を両手、両足、頭頂部と五カ所に置いてくれました。そのせいか、意識が飛んで未知の世界、地球の内部に入ってしまったのです。

私の口から信じられないスピードで英語の解説が始まりました。ロンドンに留学していたころよりも流暢な英語を自分がしゃべっていて、急にイギリス人になったかのようにびっくりしました。

ボブさんは、その面白い解説に驚いて必死でメモを取るのですが、追いつかずテープに録音したのですが、残念ながら私の声は入っていませんでした。

『超シャンバラ』を読んで、今まで直感でクリスタルの解説をしてきたことがぴったり一致したので、ほっとしています。

十数年前に体験したシャンバラへの旅が、リアルによみがえってきました。

今ごろになって神秘体験の謎解きが始まったのです。

地球のなかは空洞で、すばらしい太陽があります。美しい花が咲き誇っていて、人々も動物も植物も地上よりイキイキとのびのびと暮らしています。すべてがのびのびと巨大なのです。

私たちが目指している平和な調和のとれた世界がすでに地球のなかで実現されているのです。

こんなに身近にすばらしい世界があることをもっと知りたくなります。

シャンバラのことを知って、意識して、足の裏でもっとそのパワーを感じるようになったら、さらに私たちの波動が自然に上がってきます。

これから、シャンバラを意識して暮らしましょう！　裸足で大地を歩きましょう！

気持ちのいい場所を足の裏で感じて、そこで大の字になってアースしましょう！背中から潜在意識にたまっていたストレスや感情エネルギーがどんどん解放されて、愛でいっぱいのパワフルなシャンバラパワーを吸収できます。

土とふれ合いましょう！　畑で自分が食べる野菜をつくりましょう！　アパートやマンションに住んでいる方もプランターで土にふれながら、野菜や花をつくりましょう！

前にも紹介しましたが、七年かけて無農薬のりんごを実現した木村秋則さんの面白い手引書『あなたの人生に「奇跡のリンゴ」をつくる本』（小学館）をおすすめします。無農薬の野菜づくりの方法がやさしく書かれています。

木村さんは宇宙人ともコンタクトしていて、とても面白い方です。無農薬のりんごを実現したときも、土にヒントがありました。

シャンバラとは土とつながっています。山、川、森、海、木々、イルカやクジラともつながっています。すべてに意識があって、対話ができるのです。

大好きなガジュマルという木も、対話を続けているといろんなことを教えてくれます。

裸足で歩くと天然の健康サンダルで足の裏のツボを刺激して、エネルギーがたくさん入ってきて気のめぐりがとてもよくなるそうです。

これからは、積極的に大地とふれ合うようにしましょう！

足の裏でシャンバラパワーをキャッチです！

「パワースポット」で、あなたのエネルギーは共鳴します

＊パワースポットとは

パワースポットとは、名前の通り、パワーが出る場所です。自著『今が、ベストタイミング！』（大和書房）でベストタイミングの話だけでなく、パワースポットについても書いてみました。

神社や聖地、宇宙のエネルギーを集めるピラミッドの形をした山や建造物、さらに地球のなかからエネルギーが噴出している洞穴や湧き水の場所など、パワースポットにもいろいろあります。

エネルギーが満ちあふれていて、そこにいるだけで、気持ちがよく癒されて元気になる場所だと思います。

「そこへ行くとエネルギーを感じる」「その場所で光の柱を感じる」「身体が揺れる感じがして眩暈《めまい》かと思った」「そこに行ってからとても元気になった」、そんな場所のことをいい

ます。

天からの波動をたくさん受け取るアンテナのような、先がとがった形のもので、宇宙エネルギーをキャッチしているパワースポットがあります。山、ピラミッド、岩組み、柱などです。

たとえば日本では、富士山、石鎚山、剣山、位山、高野山、伊勢神宮、諏訪大社、熱田神宮、天河神社、沖縄の斎場御嶽など。海外ではエジプトやメキシコのピラミッド、ペルーのマチュピチュ、北米のシェスタ山、アリゾナのセドナ、フランスのモンサンミッシェルなどがあります。

地球のなかから自然の気が吹き出ている場所、火山、湧き水などもパワースポットです。たとえば、阿蘇山、幣立《へいたて》神宮や京都の貴船神社の湧き水、ハワイの火山、フランスのルルドの泉などです。

また、両方のパワーが合わさったようなところもあります。富士山、幣立神宮、首里城、中城城跡、チベットのポタラ宮殿、マチュピチュなどです。

宇宙エネルギーと地球のエネルギーが合わさるところです。

パワースポットに行くと、生命エネルギーが活性化して、元気が出てきます。

自然治癒力が強くなって、免疫力も高まります。身も心も浄化されて、癒され、身体も心も軽くなります。リラックスできるので、直感やインスピレーションもわいてきます。眠っていた能力や霊性が開いてきます。

どうしても行ってみたいパワースポットは、きっと縁があるところで、そこに行けば、心地よいパワーをもらって、その振動で自分のなかからそれに共鳴したパワーがあふれ出てくると思います。

直感で行きたいパワースポットに行くことで、さらに自分が輝くためのきっかけが得られると思います。縁を感じるパワースポットを訪ねてキラキラに輝きましょう！

自分がパワースポットになってみる！

自分自身がパワースポットになってしまうという究極の提案をしてみたいと思います。つまり、歩くパワースポットです。

自分が元気になるパワーでいっぱいになれば、自分も、家族も、友人も、そばに来る人はみんな癒され、元気な笑顔になっていきます。

学校や職場でも、自分が行けば、疲れた人も自然に疲れがとれて、ストレスが解消されて、また元気に戻ってくるようなパワースポットになれるはずです。

まわりに、そんな元気なパワースポットになっている人がいませんか？

その人が来ると、なんだかまわりが明るくなって、笑い声がどっとわいて、とっても楽しくなるのです。

学校でも、パワースポットのような子がいると、まわりにみんな集まってきます。面白い話が聞けたり、面白い遊び方を提案したり、すぐにその遊びをみんなでしたくなって、わーっと運動場に出て、すぐに始めてしまうような子どもがいたら、きっといじめも自然になくなって、クラスがまとまってくると思います。

きっとその子は、お家で、たくさんの愛情を注がれていると思います。お父さんとしっかり遊んで、お母さんの愛情たっぷりごはんを食べて、食卓では冗談ばかり言って、笑い転げて。そのパワーで、パーッと宿題が片づいて、バタンキューとぐっすり眠れて、翌朝も元気よくパワフルに大好きな学校に出かけていくのです。

大人なら、そんな子どもが大きくなったような感じだと思います。好奇心が旺盛で、テレビや新聞や雑誌、本、人々からの情報などに敏感に反応して、面白い話、ヒントをいつも意識して、人と話すのが大好きで、ユーモアも抜群、笑顔が素敵で、誰でもその人と話をしたくなります。その人が来るだけでパーッと明るくなって、その場のエネルギーがアップします。

考え方が前向きで、いつも夢実現のことを意識していて、それをまわりの人に楽しそうに語って、どんどん本当に夢を叶えてしまいます。それを見ている人も、話を聞く人も、刺激を受けて、明るく元気になって、またパワースポットになる人が増えていきます。

パワースポットになる方法

自分がパワースポットになるように、まずは、本家本元のパワースポットからヒントをもらいましょう！

神社は掃き清められているので、まず、すっきりと清潔で美しいことが大切です。**私たちの身体や魂も、キラキラと輝くように、毎日お風呂やシャワーに入って清潔にしていましょう。**

自分の直感で感じたその日のファッションを決めて、お化粧やアクセサリーをルンルン気分で決めていきましょう！　それだけでもテンションが上がって、波動も高まってきます。

内なる光が増してくれば、パワーがあふれて、パワースポットの道へまっしぐらです。

明るくてパワフルな人と接しましょう。

パワーを宇宙からもらえるように、背筋を伸ばして、胸を張って鎖骨を広げて顔を上げ、素敵なアンテナの頭頂部でいろんな星からのエネルギーをしっかり受け取りましょう！

歩くキラキラのピラミッドのイメージで、さっそうとウォーキングをしましょう！

さらに、瞑想を習慣にしてみましょう！

自分のなかには虹と同じ七色の素晴らしい光が内蔵されています。それを引き出すには、瞑想が近道です。

自分の心のなかに入っていくと、美しい光が見えてきます。すがすがしいユートピアの世界が見えてきます。いろんな波動の世界につながることができるのです。

瞑想のときに好きなアロマを嗅いでみましょう。好きなクリスタルを手に持ってみましょう。地球の癒しをそのまま直《じか》に感じることができて、さらに内なる光があふれてきます。

最近、ヒーリングセミナーで瞑想のときに、みなさんの頭頂部から紫色の光が噴水のようにあふれている光景を見ることが多くなってきました。それを見て、本当にスピリチュアルな時代になってきたと感無量の気持ちになります。

ファッションで紫色が流行ったのも、偶然ではなく、紫色の光を出すようにさりげなく刺激しているのです。

まず、自分が波動アップして、自らがパワースポットになるくらいに輝きましょう！

キラキラのあなたに、きっとまわりの人々ははっとして、思わず近寄ってくると思います。輝く笑顔で、見事なトータルファッションに、そして何よりも楽しい話題がいっぱいの素敵な存在でいましょう！

日々、感動体験をまわりに振りまいていると、自然にそのままであなたもパワースポットになっています。

もちろん、さらなるパワーアップのために、いろんなパワースポットにも行きましょう！行ってきたら、そのパワーをまわりの人々におすそ分けをしましょう！　どんなパワースポットだったかを熱く語りましょう！　それを聞いてピンときた人が、またそこへ行ってパワーアップできます。パワーアップはどんどん伝わって広がるのです。

世の中のマイナス現象にとらわれている場合ではありません。

すばらしい面、感動した話、さらに輝くためのヒントに集中して、歩く生のパワースポットを目指しましょう！

きっと、支えてくれている地球さんも喜ぶと思います！

レッツ、自分がパワースポットに!!

今回の人生を「日本」に選んだ意味があります

＊日本はユートピアのパワースポット！

あなたはなぜ今回の人生を日本に選んできたのでしょうか？

日本は、かつて豊かで平和だったムーの時代、縄文時代、そして最近では江戸時代とユートピアが実現したことがある大切な平和のエッセンスをもったところです。

日本はユートピアのパワースポットなのです！

私は「今回の人生を、日本人に選んで、本当によかった」と、しみじみ思います。

講演会では、母が作ってくれた「太陽の塔」の着ぐるみを着て登場して、いきなり爆笑でスタートすることもあります。しきりに「人生は爆発です！　太陽も爆発しています。

私は岡本太郎子です！」と〝爆発〟という言葉を連発しているために、岡本太郎と泉靖一の対談『日本人は爆発しなければならない——日本列島文化論』（アム・ポロモーション）をファンの方がくださって読みました。本の内容はとても興味深く、やはり岡本太郎はすばらしいと、あらためて感じ入っています。

岡本太郎さんは、特別に日本の民族、人種がすばらしいと言っているわけではなく、日本の位置、場所のすばらしさを「日本列島文化」としているところが、とても粋で感動的なのです。決して日本人をとくに優れたものとして悦に浸っているわけではないのです。ここは、とても肝心なところだと思いました。

私も同じ思いです。日本、そして、沖縄という位置が、ちょうど地球のへその位置になります。しかも、昔あった平和な文明のムー大陸の大事な波動点でもあります。今回の人生で、その位置に自分たちがいる意味も、また大切だと思っています。

沖縄の位置も、絶妙な位置にあります。ムーの時代の海底遺跡・神殿が眠っていて、エネルギーに敏感な方は、沖縄に来るだけで、癒しのエネルギーを感じて体調や気分がよくなります。

日本文化の原点は、このムーのエネルギーではないかと、最近強く感じ始めました。そのムーのパワーが今、よみがえってきています。この間も、宮古島の石庭を訪ねて、たっぷり瞑想して、ムーのエネルギーを充電してきました。

岡本太郎さんは、十八歳から二十九歳までの青春時代をフランスのパリで過ごしました。

社会人として一般教養を身につけるために、寄宿舎のある中学に入って、地理、歴史、数学等を学び、半年後には、パリでフランス語の一番うまい日本人は岡本太郎だ、という評判を取ったそうです。

さらに、パリ大学哲学科の聴講生になり、カントの純粋理性批判にはまっていくのです。同じパリ在住の日本人画家たちからは、絵描きのくせに大学に行ってとバカにされましたが、岡本太郎は、ただの「絵を描く職人」にはなりたくなかったのです。パリで、日本という殻を破って、いったん自由な世界人になってから、もう一度日本を見つめ直したことで、後の日本文化を深く理解する大きな土台につながっていきます。

私も、医学部を卒業して、国家試験に通り、東大で二年間研修してから、学生時代にほれ込んだイギリスに留学しました。「必ず医師になったら、留学する！」と決心したことが、ちゃんと現実になったのです。

せっかくイギリスに来たので、日本人の殻を破って、世界人を目指しました。ケニア、ジンバブエ、ベネズエラ、ブラジル、メキシコ、フランス、ドイツ、イタリア、スイス、オランダ、香港など、あらゆる国から来た、情熱あふれるドクターたちと交流して、できる範囲で文化交流に努めました。

よく自分のアパートで日本パーティーを開いたのです。そのとき役に立ったのが、小学生のころからやっていた料理の腕でした。私の日本料理がウケて、いろんな人々が参加してくれました。それが、日本文化を見直すいいきっかけになり、より日本を意識するようになりました。

ちょうどそのころ、大きな日本文化を紹介する大イベントが始まりました。『大江戸展』が開催されたのです。日本各地百数カ所から集められた美術工芸品が、キラキラと輝いて見えました。作品の量が多くて、パート1とパート2に分かれて展示され、その都度何度も足を運んだことが、懐かしく思い出されます。

そのとき食い入るように見た、源氏物語絵巻、仁清の壺、仏像、茶器など、それまで日本にいたころには強く感じられなかった、日本人の鋭い、でも優しい感性にはまってしまいました。

コミュニケーションの達人である中野裕弓《ひろみ》さんと話していたら、そのころ、お互いにロンドンに住んでいて、それぞれ、『大江戸展』に何度も足を運んでいたことがわかりました。うれしいびっくりです。きっとニアミスを何度もしていたに違いありません。それぞれの守護天使が、ニコニコ手を振り合って、「じゃ、また、二十年後にね！」と交流していたかも。つい最近まで『大江戸展』の分厚いパンフレットを持っていたそうです。不思議なご縁ですね。

強い衝動行為で急に歌舞伎が観たくなって、そのためだけに一泊二日の短い東京滞在をして、すぐにロンドンに戻ったこともあります。歌舞伎を観た後で、芝居、ミュージカル、オペラ、バレエと次々にロンドンの文化に触れる醍醐味を味わって、密度の濃い毎日が続きました。すべてがいい刺激になり、迫ってくるものがありました。

わざわざシェイクスピアの生誕地、ストラットフォード・アポン・エイボンまで何回も出向いて、本場の芝居を堪能しました。岡本太郎さんとは逆に、医学を勉強しに行き堪能したのは、文化、芸術、歴史だったのです。二年間の留学で吸収したものは、自分にとっては、十年分の価値がありました。「若いころには旅を」の深い意味を自ら体験しました。

今、十代、二十代の方、行きたい国があったら、スポンジのように吸収しやすい若い今のうちにぜひ、留学をおすすめします。あるいは、その年代のお子さんをお持ちの方も、情熱的に海外へ留学したいと語るお子さんがいらしたらぜひ耳を傾けてください。

そして異文化を学ぶことで、それぞれ生まれた国の文化の特徴が、かえって深く理解できるようになるのです。

岡本太郎さんも、ナチスによりパリが占拠されたときに日本へ戻って来るのですが、軍国主義の中に凍結された五年間の後、彼の芸術活動が爆発したのでした。そして、記念碑的なモニュメント「太陽の塔」ができたのです。大阪の万博の象徴として、燦然《さんぜん》と輝いて、今もちゃんと生き残っています。

その後、誰も気づかなかった縄文文化を、彼は発掘していきます。縄文土器のすばらしさを誰よりも深く理解して、「不可思議な美観、いやったらしい美しさに圧倒される」と彼独特の表現を用いて、縄文土器にのめりこんでいきました。

岡本太郎は、縄文の発見者とも言われています。『今日の芸術』『日本再発見』『忘れられた日本』がベストセラーになり、やがて、民俗学から沖縄の文化にもはまっていくのです。彼の人生を見つめていくと、自分の人生に重なるところがあって、共感を覚えます。単なる小手先の技術でなく、彼の芸術には哲学という芯がちゃんとあることが、とても魅力的なのです。

岡本太郎のように生きたいと今、心から思っています。日本人に生まれてきたことに感謝しながら、日本文化をこよなく愛し、堪能しながら、源のムーのエネルギーを私なりに復活させていきたいと思っています。

日本人を、日本文化を、そして、ムーのよみがえりを楽しみましょう！

日本からユートピアパワーを広げましょう！

あなたのエネルギーの状態は「顔」に表れます

＊自分の顔には責任がある

実は、自分の本当の顔は人生の最初から最後まで直接見ることができないのです。せいぜい、鼻の頭くらいでしょうか？　とくに、私のように団子鼻だと、かすかにしか見られません。

毎朝、顔を洗うとき、歯を磨くとき、お化粧をするときに、鏡で自分の顔を見ていますが、それは鏡に映した虚像であって、本当の自分の顔ではないのです。しかも一日のうちで、鏡で自分の顔を見る時間もわずかです。どんなに洗面やお化粧に時間をかける人でも、朝と夜合わせて、三時間以上はかけないと思います。それ以外はまわりの人々の顔を見て過ごしています。

お互いの顔は見ているのに、不思議だと思いませんか？

だからこそ、アメリカの大統領だったリンカーンが言ったように、自分の顔にはいろんな意味で責任があるのです。彼はとくに「四十歳をすぎたら自分の顔に責任がある」と年齢の条件までつけています。

四十歳をすぎると、社会で仕事にも慣れて、家庭でも子育てが落ち着いてくるころです。そのころになって、自分の顔に責任が出てくるのです。

なぜでしょうか？

四十代ぐらいから、その人生の精神性がほぼ確立されてくるからだと思います。もちろん、その後もどんどん成長するのですが、自分らしさが創られて落ち着いてくる時期なのです。

私たちは普段、自分で自分の顔を直《じか》に見ないからとあまり気にしないで生活していますが、感情が顔に直接表情として出るので、顔は大切な自分の看板、窓口なのです。

怒っているときに、泣いているときに、自分の顔を鏡で見る人はいません。感情表現の真っ最中ですから、鏡を見る余裕はないのです。鏡で自分の顔を見るのは、涙を流した後の化粧直しのときか、食事が終わって歯磨きをして口紅を塗り直すときです。気持ちはゆったりと落ち着いています。

感情が安定して、リラックスしたときに、私たちは自分の顔を鏡で見ているのです。

＊笑顔のない人は、顔の筋肉も人生も硬直する

私は、精神科医という職業のせいか、人々の顔をよく観察します。クリニックでセッションのときはもちろん、セミナーや講演会でも、しっかりと人々の顔の表情を観察します。能面のような硬い表情の顔が、泣いたり笑ったりするうちに、みるみる笑顔になっていくのを見るのが、私の生きがいなのです。

顔は感情を表現する大切なところなので、二三個も筋肉があります。面積のわりには、びっくりするほど多い場所です。それだけの細かい筋肉を使って日々、顔で自分の気持ちを無意識に表しているのです。

これだけの顔の筋肉を全部使うときの感情はどうだと思いますか?

実は、**笑顔のときに、全部の筋肉をほどよく使っているのです。**

長い間うつ状態で笑わないと顔の筋肉が硬直して、久しぶりに笑うと顔が引きつります。クリニックで、十年、十五年ぶりに大笑いしたうつの患者さんは、久しぶりに笑ったので顔が引きつって痛いと表現します。

うまくいかない人生を不平不満で生活している人は、口角が下がり、への字に曲がっています。普段の顔が不満顔なので、それだけでその人の人生観がうかがえるのです。

やさしい笑顔が普通の人は、ほっとして、安心して近づいて話しかけたくなります。

「セルフヒーリングセミナー」でも、自己紹介をする最初のときには、みなさん緊張した表情で、あまり顔の筋肉を使っていませんが、レクチャーで大笑いをしたり、瞑想でハンドヒーリングやヴォイスヒーリングで愛の波動に包まれて大泣きしたり、感情を解放することで、いつの間にか、たくさんの顔の筋肉を使いゆるんできます。

怖い目がやさしい目になり、下がった口角がしっかり上がって、それは豊かな美しい笑顔になってくるのです。

普段の顔がやさしい笑顔になれば、自然に日常の人間関係が家庭でも職場でもスムーズになってきます。

まわりの人からの反応がいいので、相乗効果でどんどん笑顔になります。ついには、まわりの人々まで笑顔になって、素敵な笑顔人口が増えてきます。

笑顔は、リラックスしている証拠です。**リラックスすると、直感やインスピレーションが冴えてくるので、ますます、いい流れになって、素敵なことが起きて、笑顔が輝いてきます。笑いが止まらない状態になり、ハイテンションになってきます。**

笑顔でいることが、自分の顔に責任を取れる最高の状態なのです。

笑顔で毎日を過ごしましょう！

顔の左右のバランスをとる

私たちは、男性であっても女性であっても、エネルギー的には両方のエネルギーを持っています。**東洋医学的に、右半身は男性エネルギー、左半身は女性エネルギーなのです。それぞれのエネルギーの状態が顔に出てくるのです。**

顔の左側に女性性が、右側に男性性が表れています。左右の顔のバランスがとれていない人は、どちらか縮こまっているほうが、エネルギーの流れが滞っていることになります。

自分の顔写真に四角い鏡を正中線に置いて、それぞれの顔を映し出してみるとよくわかります。

右側が明るい人は、男性性が開いています。左側が明るい人は、女性性が豊かなのです。**顔の左右のバランスがとれている人は、男性エネルギー、女性エネルギーが共によく流れているので、思ったことがすぐに実現して、どんどん夢を叶えています。人間関係もスムーズで、仕事がはかどっています。**

アメリカのチェイニー元副大統領の顔を見たとき、左側が縮こまっていたので、やはり戦闘的で平和が苦手なのだと納得しました。彼の女性性に愛を送るインナーチャイルドの癒しをイメージでやっています。

三歳の女の子をイメージして、「あなたは優しい平和を愛する人だわ、ありがとう！」と遠隔で思い出したときにやっています。

みなさんも鏡でチェックして、**もし右側の顔が縮んでいたら、三歳の男の子をイメージして、しっかり自分を認めてあげてください**。インナーチャイルドが、自分の感情が満たされると、不思議に顔が伸びやかにバランスよくなってきます。

顔の表情をバランスよく、素敵な笑顔にするのも愛だと思います。

まわりにいる人々は、みんな大切なソウルメイト、魂の友です。さりげなくみんなの顔をチェックして、愛を降り注ぎましょう！

みんなが笑顔になれば、自然に地球は平和になっていきます。

＊顔は過去生の影響を受ける

大きなホテルに泊まったある日の朝、朝ごはんを食べてエレベーターに乗ったら、たくさんのインドのビジネスマンに遭遇しました。そのグループの一人と思った背の高い青年が流暢《りゅうちょう》な日本語で話しかけてきたのでびっくり！

よく見ると、ホテルマンでした。でも鼻が高くて、他のインドの人たちと同じ形をしています。どう見てもインド人！　よく感じてみたら、日本人で過去生がインドの青年だったのです。

ときどきクリニックにも、両親がしっかりしょうゆ顔で日本人なのに、息子や娘がどう見てもインド人で、本人も「よく英語で話しかけられて、日本人に見られないのです！」というケースがあります。

セッションをすると、やはり彼らは過去生でインド人だったのです。両親の遺伝子の影響よりも、本人の魂の過去生の影響のほうが濃く出ていることがあるのですね！

必ず、その時代の続きをメインテーマに選んできた場合に起こります。

まわりに思い当たる人がいませんか？

私も海外旅行をして、よくその国の人に間違えられて、本国の言葉で道を聞かれて、なぜかちゃんと教えてあげる体験が多いのです。

タイ、ネパール、マレーシア、中国、台湾、チベット、ペルー、英国、アメリカなど、さすがに、フランス人には、残念ながら間違えられたことがありません。

その国に行くと、スイッチが入って、その国に生まれ生きていた時代のエネルギーとチャネルするようです。

顔は不思議ですね！

今のあなたの顔は、どこの国の人ですか？

「脳」を活性化して、新しい才能の扉を開きましょう

脳の構造

「脳の活性化」についての話をしましょう！　『人体の不思議展』で人体から取り出した脳を見たことがあります。

「人体解剖」にあらゆる年齢層の人々が、長蛇の列ができるほど押し寄せてくるとは本当に驚きと感動でした。それだけ、自分の身体のしくみを知りたいという純粋な思いで、一目見ようと集まってきたのでしょうね。

昔と違って検体はプラスティック樹脂加工をしていますから、においもしないしとてもきれいでした。

そのなかで、実際に脳を手に持てるというコーナーに、たくさんの人々が並んでいて〝うわー、こんなに重いんだ！〟と実物の脳を手に取ってみて、びっくりしていました。

脳の重さはどのくらいだと思いますか？

脳の重さは、日本人の平均で一二〇〇〜一四〇〇グラムあります（ついでに、ゾウは四〇〇〇グラム、クジラは七〇〇〇グラムです）。

この脳が丈夫なヘルメットの頭蓋骨に包まれて、体の一番上に脊椎で支えられているのです。その脳の前面に自分を表現する顔があって、その表現でお互いを理解し合っているのですね。

脳にそっくりのナッツがあります。それを食べると脳が活性化するといわれて、中国ではよく試験前に食べるそうです。

それは……くるみ（胡桃）です！　私もくるみが大好き！　くるみを見ると本当にちゃんと、右脳と左脳に分かれていて脳にそっくりです。左脳に言語中枢があるために、左脳の働きは論理的、言語的、理性的といわれています。

一方、右脳の働きは感覚的、イメージ的、芸術的といわれています。あなたは、右脳派？　左脳派？　それとも両脳派？

沖縄に移ってから、友人のすすめで「ヒューマンセンサー」という不思議な器械の測定を受けてみました。自分の脳の働きを調べるのですが、てっきり自分は右脳派だと思っていたら、なんと両脳派でした。

そういえば、自分は直感だけでなく、論理的なことも大好きです。様々なことを次々とやっていくことで、両脳がバランスよく刺激を受けて活性化するそうです。実際にいろんなことにチャレンジするのが大好きなのも、自然なのですね。

二〇〇一年十二月から沖縄で始めた仮装パーティーも、仮装することで両脳が活性化されて意識がやわらかくなるのです。十回目の節目にはなんと自分の結婚披露宴も兼ねていっそう盛り上がりました。やり続けて自分でもびっくりの展開になりました。

参加された方のなかに、うれしい効果が出ました。ずっと気になっていてできなかった乱雑な押入れの片づけが、一気にできたそうです。

仮装すると片づけ上手になる？　きっとそれまで義理人情に縛られて、決断ができなかったのでしょうね。好き嫌いがはっきりして、自分の人生の主人公に自分が戻ってくると、いろんなことで決断がすぐできるようになるのです。

片づけができなくて困っている方、ちょっと脳をやわらかくしてみませんか？

脳を活性化すれば眠っていた才能が開く

脳は直接刺激を加えても活性化されることもあります。

東京時代に小児精神科の外来で診たケースですが、三歳半の可愛い女の子が言葉の遅れで来診しました。その当時は薬と精神療法（カウンセリング）のほかに、手当て療法（ハンドヒーリング）を行っていました。

お母さんに、左脳に言語中枢があるから、両手で側頭部をはさむように手でエネルギーを送ってあげてと解説をして帰しました。

次に来たときに、娘が遊んでいて、たまたまテーブルに左脳のちょうど言語中枢の部分をぶつけたら、急に言葉が出てきたというのです。

これにはびっくり。しかも次の再診でも、同じ場所にこぶを作ってきたので、

「お母さん、わざとぶってはいけませんよ！　気持ちはわかりますが……」

と言ったら、

「先生、信じてください！　私じゃなくて本当に今度も偶然なんです！」

お母さんの必死な弁明を信じました。

それから、娘さんは本当にどんどん話せるようになってしまいました。これこそまさに「怪我の功名」ですね。

きっと娘さんの守護天使がその部位をめがけて、ちゃんと命中するように、彼女を回転させたのでしょう。それも娘さんの「魂のしくみ」だったと思います。

もう一つ、本人から聞いた不思議な本当の話があります。

クリーニングのお兄さんが背が低くて、本当に小さかったのです。あるとき、テレビで

成長ホルモンの分泌の話をやっていて、ダメもとで〝脳に直接刺激を〟と、毎日金づちで後頭部を叩いていたら、ぐんぐん背が伸びて、現在の一七〇センチ近くにまで成長できたそうです。

本当にびっくりな話です。でもみなさん、危険ですからこれはくれぐれもまねをしないでくださいね。

私も沖縄で不思議な体験をしました。

夜中二時半ごろに無言電話がかかってきました。やれやれとまた寝ようとベッドにもぐりこんだとき、慣れていたはずのベッドの木の背に思いきり頭をぶつけてしまったのです！

そのときの痛さは、漫画でよく描かれるように、お星様がピカピカと目の前を光っているのが見えたほど。涙がぼろぼろ出てきて、思わず「何も悪いことしていないのに、どうしてこんな痛い目にあうの！」と思って、つい天使に愚痴を言いたくなってしまいました。

大事なときだけにたまに登場する仙人のようなおじいさん＝指導霊が出てきました。

「いや〜、ちょっと才能を開こうと思っての〜」

「もっと痛くない方法はないの？」

おじいさんはニコニコ顔。

「もしかして、さっきの無言電話も？」

それでも、ひたすら、おじいさんはニコニコ顔。

いやはや、光の存在は何とも手段を選ばず効率のよい方法を選ぶようです。しかたなく、自分で自分を慰めようとヴォイスヒーリングをしました。

そのとき自分でもびっくり。いつもの声よりも一段と美しい声で、思わずうっとりと聞き惚れたのでした。ああ、究極の自画自賛ですね。

それ以来、本当にヴォイスヒーリングの質がぐんと上がったのです。眠っていた才能の扉が開いたのでしょうか？

私たちは普通に生きると、一生のうちで脳のたった一六％しか使わないそうです。もし偶然でも頭を強く打つことがあったら、このことを思い出してみてくださいね。きっと痛みが飛んで、どんな才能が開くかを思うとワクワクしてきますよ。

「アートヒーリング」のすすめ

もちろん、痛くない活性化の方法もあります。

自分で頭部のマッサージをしてみてください。

美容室に行くと気持ちいいのが、シャンプーやマッサージをしてもらうことですよね。

それを自分で意識して心地よくやってみるのもおすすめです。

さらに、素敵な誰でもできる脳の活性化方法があります。それが左手で絵を描く「アートヒーリング」です。

厳密にいうと、利き手と反対の手で絵を描く方法です。これを「インナーチャイルドの癒しワーク」に取り入れてとてもいい効果を出しています。

ほとんどの方が右利きです。**脳生理学的にいうと、右手と左脳が、左手と右脳がつながっていますので、左手で絵を描くと右脳が刺激を受けて、感性、感情が表現されやすくなるのです。**

とても直感が鋭くなります。これはとても簡単なのでぜひ、みなさんもやってみてください。

用意するものは、画用紙やスケッチブックとオイルパステルや色鉛筆でいいのです。左手でまず思い思いに抽象的でいいですから、自由に描いていきます。文字で感情をどんどん表現してもOKです。ついでに左脳まで刺激を受けますよ。

表現されずにたまっていた感情エネルギーが解放されて、とっても気持ちが楽に軽くなってきます。

人間関係で頭が痛い方、人間関係の基本である両親との関係を改善するために、その葛藤の感情を絵に描いて発散して流しましょう！

父親のイメージ、母親のイメージ、自分のイメージ（インナーチャイルド＝内なる子ども）を左手で描いてみてください。どんどん感情があふれ出てすっきりします。

さらに**自分の夢の実現のイメージを、絵に描いていくのも楽しくてワクワクします。**

絵よりも文字を書くほうが好きな方には、思うがまま浮かぶことをそのまま三〇分くらいの間ノートに書いていく方法をおすすめします。

これは利き手でＯＫです。浮かんでくる思いを、そのままとりとめもなく書き綴るのです。これもいままで眠っていた才能の扉を開くきっかけになります。

イメージが出てきたら、すぐにイラストも描いてみましょう。自由にあるがままに！

これが一番の脳活性化のヒントになると思います。

常識や世間を気にして平均的に行動していると、なかなか新しい分野が開かれてはきません。思いがけない発想がさらなる脳の部位を開いて働くようになっているのです。

ブラボーです！　やわらかい脳になりましょう！

「楽しい仕事」は「楽しいお金」を引き寄せます

仕事とお金の因果関係

仕事とお金についての話です。それに「楽しい」という明るい言葉をつけてみました。「苦しい仕事」や「苦しいお金」から解放されて楽しくなるのが、これからの流れのような気がします。「楽しい仕事」と「楽しいお金」を、自分の今回の人生にしっかり取り入れてみましょう！

そういう私も、医学生の時代はお金がなくて、家庭教師を二つかけもっていました。それでも医学書が買えなくて、コピーをしたり、友人や図書館から借りたりしてなんとか頑張って勉強していました。

苦学生ともいえるのでしょうが、本人は家庭教師の仕事を楽しんで、そこのお金持ちの豪華な食事でしっかりと栄養をとっていました。教え子にも、ちゃんと効果が出て、試験の成績が二〇点も上がって、ご褒美にさらに豪華な夕食が並び大満足でした。

医師になるという夢のためには、どんな苦労も苦労と感じなくなるから不思議です。仕事それ自体が目標のときには、同じ苦労も楽しみのプロセスに入るのですね。「夢実現のための苦労はいとわない」という心境です。

やはり、私にとって医師という仕事に就くことは、大きな夢の一つでした。それが叶って、しかもとてもユニークな形で多面的に活動できることが、まさに「楽しい仕事」になっています。

教育ママになってくれた母からは、「あなたは子どもを産めない身体なのだから手に職をつけて！　医師か弁護士を！」と激励されて、病弱な私は誤診で亡くなった弟の話も手伝って、医師を選びました。

もし弁護士を選んだとしても、今ごろ、きっとユニークな弁護士になって、面白い活動をしていたでしょうね。

毎日、好きな絵ばかり描いていたので、高校の担任の先生からは医学部を目指すと聞いてびっくりされましたが、それだけに意地があって必死でした。医学部に入るためには、難しい予備校の医学部志望のクラスに入ることが必須でした。

今ではギャグで笑い飛ばせますが、そのときの受験番号が九六〇番。まさに、「苦労」そのものですね！　「苦労」の番号でそのクラスに入れました。

無事医師になって食べていくのに困らない生活を維持できたのは、やはり手に職をつけたからだと思います。

手に職をつけて仕事をしている人にとっては、「楽しい仕事」への変換はそれほど難しくないかもしれません。その仕事自体に楽しめる道筋が必ずあるからです。

「楽しい仕事」から生み出されたお金は、自然に「楽しいお金」になって、それで次の夢を叶えることも楽しくなります。

治療でクリスタルを使っていることもあって、医師《いし》が石《いし》にはまって「楽しいお金」を大好きな石にかなりつぎ込んでいます。

次につぎ込んでいるのが住むところです。家を建てたりマンションを買ったり、ついには夢のお城のような、といってもムーミンパパのお家のような木造の「天の舞」を創ってしまいました！　最高の夢実現です。それも「楽しいお金」のおかげです。

住んでいるところが地球でのアンテナ、エネルギーの発信地になっています。

そして、大好きな帽子やカラフルな衣装やバッグにも変換されて「楽しいお金」として使われています。

いくらお金があっても、不安と恐怖でいっぱいだったら、それは「苦しいお金」です。

お金もエネルギーとして、地上での生活には大切なものです。人生をより楽しむために活

用されます。あなたのお金も「楽しいお金」になるのを待っていますよ！

＊仕事が楽しくないこと、転職を繰り返すことにも意味がある

仕事については、よくクリニックにみえる患者さんのなかにも、「先生、私にはどんな仕事が向くのでしょう？　何をやったらいいのか、何がこの人生のテーマなのか知りたいのです」と聞かれる方が少なくありません。

今の仕事よりも、もっと自分にぴったりの仕事があるはずと思って悩んでいるのです。仕事自体を目的に生きている人はこの疑問を持ちません。すでに仕事に向かって走り出しているからです。何の疑問も持たずに、その仕事を通じて様々な体験をして、自分を見つめて輝いています。

仕事自体が目的ではなくて、媒介にすぎない場合は「自分の仕事とは本当にこれなの？」と、ふと思うことがあります。仕事が楽しくなかったり、興味を持てなかったり、生活のためにしかたなく続けていたりすると、行き詰まって疑問が出てきます。その疑問が、次なるステップへ進めて仕事を通じて自分を見つめる、とてもいいきっかけになるのです。

とくに、この仕事をやりたいという思いや夢が浮かばない場合は、努力が足りないのではなくて、もっと別の意味があるのです。

実は、仕事の内容よりも仕事場での人間関係が大切なのです。『だれでも思いどおりの運命を歩いていける！』にも書きましたが、とくに**仕事場がよく変わる場合、たくさんの懐かしいソウルメイトに出会うことで、過去生に遣《や》り残した関係を修復したり、続きをやったり、まったく違う関係を試してみたりと、とても意味深い現象が起きています。**

会社という組織のなかでは、大きな会社ならばそのなかで部署をかえてたくさんの人に出会います。小規模の場合は、転職によって出会いを増やしているのです。

現代はそれを効率よくするシステムができています。派遣というシステムもあります。数カ月単位でいろんな会社を訪れることができます。最近では、インターネットで事業を起こす人が増えてきました。さらに仕事の内容や出会う人々が増えて、体験が豊富になっています。

こういった文明の発達によって、一度の人生で、盛りだくさんに変化を楽しめる体験ができるようになっています。本当に面白い時代です。

転職も天職さがしも、この時代を選んできた私たちは、とくに女性に生まれ変わってきた場合、体験できることが多様化して、達成感と満足感で女性性をしっかり癒せるようになりました。

結婚よりも仕事をしっかりやっている女性が増えているのは、そんな深い意味があるのです。そんな時代に生きている幸せを十分に味わってから、あの世に帰りたいですね。

仕事の内容を深めたいコース、仕事を通じて人間関係を極めたいコース、欲張って両方を体験するコース、さらに仕事も結婚も体験するコース、さあ、みなさんはどのコースを選んでいますか？

この視点から見ると、今の仕事が結局自分にぴったりの仕事なのです。

いま転機を迎えていて別のコースを選びたい方は、新たなチャレンジを楽しみましょう！　自著『人生の転機は幸せのチャンス！』（朝日新聞出版）も参考にしてくださいね！

仕事で魂は磨かれる

仕事に対する考え方がやわらかくなってくると、今置かれた環境、仕事場をもう一度あるがままに受け入れられて、「ありがたいな〜」としみじみ思えるようになってきます。じわじわと仕事が楽しく感じられるようになります。

「こんなところは嫌だ」と思って辞めていく間は、似たような仕事をまた選んでしまいますが、**「大変だったけど、ここではこんな学びがあった。ありがたい、研修を受けてさらにお金までもらえてラッキー！」と思って辞めると、不思議と次のさらにいい条件のステップへ行けるのです。**

これは人間関係にもいえるでしょう！

威圧的な上司が嫌でやめたら、次の会社でも同じタイプの上司にあたって、がっくりして、「こうなったら、正面から取り組むしかない」と、きっちり対面して気持ちを表現したら、かえっていい関係に変われることがあります。

ベストセラーになった野口嘉則著『鏡の法則』（総合法令出版）に、**自分のまわりに起きている人間関係は自分の心の鏡だ**と、わかりやすく説明されています。私たちはお互いに「合わせ鏡」なのですね。さらに、許すことの大切さも伝わってくる素敵な本です。

仕事を通じて、自分の才能を開き、人間関係を学んで、どんどん魂が磨かれて、キラキラに輝いてきます。

それに伴って「楽しいお金」がやってくるのです。そのお金を使うとさらに幸せな気持ちになります。

不思議と「楽しいお金」は福を呼びます。さらに素敵な出来事を引き寄せて、自分の人生が豊かになる流れをつくってくれるのです。「楽しい仕事」が「楽しいお金」を引き寄せてくれます。

これからは、楽しい発想に切り替えてみませんか？

「楽しい仕事」と「楽しいお金」を両方味わってみましょう！

ローフードで「いのちのエネルギー」を取り入れましょう

＊生のいのちのエネルギーをいただく食事とは

「ローフード」をご存知ですか？

熱を入れて調理しないで、生のままでいのちのエネルギーをいただく食事のことです。

私も、にんじんとオレンジをジュースにして飲んでいます。もともとにんじんが大好きなので、すすめられたときにうれしくて、ずっと続けています。

しかも、美しいオレンジ色のにんじんのカスを捨てないで、六匹の愛犬たちのごはんに混ぜてあげると、とてもうれしそうに食べてくれます。

自分だけでなく、大切な家族のワンちゃんたちもローフードを実践しています。そのせいか、お通じがあまり臭くないのです。

メタンガスがあまり発生しないということは、身体のなかが酸化していないことになります。自分もにんじんジュースを飲むようになって、腸内ガスがたまらなくなりました。

以前は腸内ガスで下腹部が張っていたのですが、最近は憧れのすっきりお腹になってきました。もう少しで理想的になりそうです。

ローフードを効率よくとる方法としては、生ジュースは日常に取り入れやすい簡単で続けやすいものだと思います。

新鮮な野菜ジュースを毎朝夕一杯ずつ飲むだけで十年間生き続けている、森美智代さんという四十代後半の女性がいるそうです。一日たった八〇キロカロリーをとるだけで元気に生きていられるのです。

しかもちゃんとお通じもあるそうです。腸内の粘膜細胞が三日に一度はがれてそれが便として外に出されるからです。体重は六〇キロをキープしています。

新聞やテレビにも紹介されているまさに仙人のような人です。ローフードの特異的な実践者です。

森さんは、二十一歳のときに脊髄小脳変性症で歩行困難になり、治療は無理といわれて断食の大家の甲田光雄医師のもとで、断食療法と一日五〇〇キロカロリーの生の玄米の粉と根菜のジュースを一日二食、六年間続けたら、完治したというびっくり体験をされた方です。詳しくは、全国で断食道場をしている僧侶、野口法蔵さんの本『直感力を養う坐禅断食』（七つ森書館）を読まれてください。

ローフードは、熱を通していないので、いのちのエネルギーをそのまま摂取できるのです。生のいのちのエネルギーをいただけると思って感謝していただきましょう！

＊ローフードは酵素を増やす

にんじんジュースも、食物酵素を損なわない低速圧縮搾りのジューサーを使っています。ジュース化の難しい葉物野菜もジュースにできます。

食事の前に酵素を十分にとると、その酵素が食物の消化吸収を助けてくれます。にんじんジュースのあとに、季節の旬の果物を食べると、さらに酵素が取り入れられて、その後、好きな食べ物をいただいていいのです。あるいは、旬の野菜サラダでもバッチリです。

ローフードのすばらしさは、酵素をたくさん取り入れることができることです。にんじんジュースや果物のあとで温かい食事をいただくと、身体を温めてエネルギーを蓄えることができます。

私は、トマトと玉ねぎのスープをいただいています。それにスパゲッティを少し混ぜることもあります。おかゆと梅干のときもあります。

基本は、身体に聞いて、そのとき身体が欲しいものをいただいています。

西洋料理のフルコースで、メインディッシュの前にサラダが出るのは、酵素を取り入れる流れになっていて、理想的なのです。

西洋的な朝食も、果物のジュースやサラダのあとで、温かい卵料理とパンをいただきます。紅茶やコーヒーで食事が終わることを知らせています。

外食しても、ホテルのバイキングの朝食は、とても便利です。

果物をデザートで最後にいただいてもいいのですが、できれば食前にいただくと、酵素がたくさん準備されて、理想的な流れになります。

前にも紹介したベストセラー『病気にならない生き方』の著者新谷弘実先生も、ローフード（生食）は酵素を高めてダイエットにもいいと解説されています。酵素が体内に少ないと、身体はさらに取り入れようとして過食になって太ってしまうのです。

果物や野菜だけでなく、魚や肉の生食も酵素をたくさん含んでいます。生野菜を食べないエスキモーが元気なのは、アザラシの肉を生食することで、酵素を十分にとっているからだそうです。

新谷先生の研究で、二八人のローフードダイエットの結果を見ると、ローフードの摂取量が多いと、五カ月間で六キログラムの体重減少がありました。私もにんじんジュースとローフードを取り入れた食事療法によって、ちょうど六キログラムの体重減少があり、体調もよくなって、スリムになりました。

昼食は好きなように食べて脳を大満足にして、夕食は軽くいただいています。

酵素を増やすためにも、ローフードを食べる習慣を日常に意識して取り入れましょう！

＊エネルギーの高い食べ物をとる

スピリチュアル的には、食事はどのように捉えたらいいのでしょうか？

地球の地表では、空気からのエネルギーとしての呼吸と食物からのエネルギーとしての食事が生きていく上で大切です。

だんだん私たちの波動が上がってきて、身体の細胞が光に近くなってくると、呼吸は深くゆっくりと長くなり、食べる量も少なくなって、より波動の高い野菜と果物と穀類、ナッツに絞られてくるようになると思います。

大量に農薬を使っていた生活から、無農薬の野菜を求め、自分で食べる野菜を自分で作り出すようになってきています。安全でエネルギーの高い食べ物をとりたいという欲求が出てきました。これは自然の流れだと思います。

あなたの食生活は変化してきましたか？

好き嫌いが変わってきていませんか？

すべて、波動が高くなってきたサインだと思って、楽しく受け入れてみましょう！

もちろん急に菜食にしなくてもいいのですが、自然にそうなってくるのだと思います。それぞれのペースがあるからです。

でもこの情報を引き寄せて読む方は、魂さんが表面意識に伝えたくて読んでいますから、「そろそろ食生活を変える時期ですよ」と知らせているのです。

本来牛肉、牛乳は日本人が食べていなかった食材です。明治から始まってまだ百数十年の歴史しかありません。牛肉を消化する酵素をもたない人が多いのではないでしょうか？

実は私もその一人です。牛肉と牛乳を消化吸収する酵素が欠損しているので、身体が受け付けないのです。幼稚園のときから、せっかく母が健康のためにと用意してくれた牛乳をなぜかこぼしてばかりで、よく叱られていました。今思うと、守護天使さんが意図的に身体に合わないからと、牛乳のコップを倒してくれていたのだと思います。

前にも書きましたが、三十年くらい前、カナダで一週間の断食をしたときに、高圧浣腸の透明なチューブから乳白色のドーナツ状のものがクラゲのように大量に出てきて、「これは消化されなかった牛乳なのだよ」と解説されてびっくりしたことがあります。

好き嫌いはとても大切で、本人の身体に合わないものを自然に好き嫌いして調節します。

好き嫌いが極端な人は、地球に来る前の星の食生活が濃く残っていますので、無理に食べないで、好きなものを食べてエネルギーを補給してください。少しずつチャレンジして地球の食べ物を味わってみましょう。

これから地球の地上もさらに波動が上がって、五次元以上になっていきますから、自然に食生活も変わってくると思います。

私も中国の仙人時代の仲間に再会してから、さらに呼吸に意識が向いて、空中から、プラーナ（宇宙エネルギー）を大量に取れるようになりました。まさに霞を食べる仙人のような生活になってきています。これからの大いなる変化がとても楽しみです。

自分の直感を信じて、食べたいものを食べ、食べたくないものは無理に食べないで、食べたい人に譲りましょう！

スピリチュアルな食生活を楽しみましょう！

セックスは人生のなかで大切なエネルギーです

食とセックスの相関関係

「食べること」と「セックス」は、スピリチュアルにとてもつながっています。

「食べること」に繊細な人は、「セックス」も繊細です。

「食べること」に興味のない人は、「セックス」も熱心でなく、短く味気なく終わります。

「食べること」にこだわる人は、「セックス」にもこだわります。「食べること」に一生懸命な人は、セックスも前戯にゆっくり時間をかけて、相手の身体を楽器のように慈しみ、いい響き、心地よい音を奏でようとします。

「食べること」も「セックス」も共に満たされると、人生はとても味わい深い、楽しいものになります。

「上の口と下の口を満たしたら、結婚は大丈夫よ！」と人生の先輩からドキッとする話を聞いたことがあります。

お腹が空くと機嫌が悪くなるご主人に、空腹の気配を感じると、さっとおにぎりや巻き寿司をあげて絶妙なタイミングに収めていました。夜も毎晩のように相手をして、全く浮気のすきも与えなかったという体験に基づいた名言かもしれません。

「上の口と下の口」という表現が、鋭く深い内容でしたので、二度と忘れられないフレーズになりました。

夫婦問題で悩んでいた友人に、さっそくこのフレーズを話したら、それがヒントになって、忙しい夫婦なのにデートの日を毎週金曜日と決めてすっかり仲良くなり、離婚するかもという話が見事に吹っ飛びました。

おいしい夕食をホテルでいただいてから、その晩大いに燃えると、エネルギーもホルモンも循環がよくなって、幸せな気持ちに満たされます。再び日常に戻って頑張れるのです。脳からも幸せホルモンのエンドルフィンやエンケファリンが分泌され、お肌もつやつや、目もキラキラ、若返ってくるのです。

上の口と下の口が満たされたら、毎日が幸せで、何事にも前向きになります！

「食べること」も「セックス」も、人生で日常生活でとても大切なことですね。

それなのに、「食べること」は気楽に話せても、「セックス」については気楽に話せない雰囲気があります。

もっと大らかに、大切なセックスについて語られるような社会にしたいです。

＊結婚したくてもできない理由

クリニックではとても気楽に朝からセックスの話をします。相談の内容が「結婚したいけれどできない症候群」や「セックスレス」の場合は、避けて通れないからです。

クリニックにいらしたケースで、とてもきれいな女性なのに、結婚ができないという悩みでした。ヒーリングをしたら、過去生のイメージが二つ出てきました。

一つは中国の時代に、とても裕福な男性でしたが、何人も女性をかえても子どもが授からずに淋しい思いをしていました。種がなかったのです。

もう一つはロシア時代のバレリーナで、踊りすぎて身体を壊していました。一つずつ解放するたびに、目の前が明るくなって、結婚に対する不安や悲しみが溶けていきました。

表面意識が結婚したくても、潜在意識が躊躇《ちゅうちょ》して足を引っ張ることがあります。

セックスについても、過去生の嫌な体験があると潜在意識に苦手だという思いが残っています。本来セックスは人生のなかで、スピリチュアルなエネルギーとしてとても大切なのです。なぜか暗い陰鬱なイメージになってしまって、残念でなりません。

結婚について、母の名言があります。

「結婚は、はずみでするものよ！」

結婚している方、一度して二度目のチャレンジをしている方、はずみでしましたか？

この**「はずみ」は、魂からくる「直感に従う」という意味です。**

今、婚活中の方は、「直感ではずむ！」と決断してみてください。

あとから、じわっとこの人を伴侶にしてよかったと思えるときがきます。

はずみで結婚を決めても、直感は魂からのメッセージですから、魂が書いた人生のシナリオは、ちゃんとその人を選ぶようになっているのです。

予定通りに進んでいるので、安心して自分の直感を信じてみましょう！

結婚・離婚・再婚を繰り返すのも、いろんな時代の続きをやっていたと思うと、離婚への不必要な罪悪感が解放されます。

ロンドン大学の留学時代に、セックスセラピストの女性と仲良くなって、いろんな治療の話を聞くことができました。彼女のおかげで、セックスについてさらにオープンに話せるようになりました。そのときの話は、セックスレスのケースや結婚できないケースの場合にとても役立っています。

人生一切無駄なしです！

＊理想的なセックスとは

最近は、女性向けの雑誌でも、まじめにセックスを取り上げている記事が出るようになりました。

セックスについての話題をオープンに話せるようになったのは、本当にごく最近だと思います。やはり、「秘め事」というように、とてもプライベートなことですから。

でも、医学的にも人生のしくみにおいても、セックスはとても大切なものですから、決して嫌なものとか汚いものととらえず、ちゃんと大切に思うことが必要になってきました。

私も、高校の看護科で、セックスについての授業をきっかけに、きちんと向き合うことになりました。教科書にも、セックスの目的は、「種の保存」「喜び」「コミュニケーション」の三つだと書かれていて、感動しました。

大好きな実践哲学の本『神との対話』（サンマーク出版）にも、理想的なセックスは、「愛を込めて、開放的に、明るく、楽しく。思いきって情熱的に、神聖に、ロマンチックに。ユーモラスにとらわれることなく、感動的に、創造的に、堂々と、官能的に、そして、もちろん、ひんぱんに」とあります。しかも、「ゆっくり二時間は楽しみなさい」と書いてありました。

自分が今までに体験してきた、素敵なセックスを思い出してみてください。

性的に最高の気持ちよさ、陶酔的幸福感を味わうことを、英語でオーガズム（orgasm）と言います。男性よりも女性のほうが、ゆっくりと始まり、ゆっくりと続きます。それだけに、女性にとって、セックスの影響は大きいと思います。

理想的なセックスとは、女性にとって、自然に心も身体も愛する相手に開かれて、気持ちよさが持続して、クライマックスのオーガズムもお互いに感じて、相手との素敵な一体感を味わえ、さらに、後味もいい、幸福感が残る状態だと思います。

たとえ相手がいなくても、自分で自分を気持ちよく感じさせて、素敵な人を思い浮かべて、それでオーガズムが得られても、もちろんＯＫです。

素敵なセックスによって、女性ホルモンのバランスがよくなり、お肌はすべすべ、毎月の生理も順調になります。

さらに、脳のホルモンも関係しているようです。

「満足ホルモン」と呼ばれているホルモンに、バソプレシンとオキシトシンがあります。共に、脳の中枢の視床下部と生殖器の卵巣や精巣から分泌されます。セックスのとき強烈に気持ちがいいと、この二つの「満足ホルモン」がたくさん分泌されるのです。

もちろん、オーガズムのときには、女性はオキシトシン、男性はバソプレシンの分泌が上昇するそうです。そのおかげで、男女間の愛着も深まってくるのです。

ホルモンは、とても微妙で、心や身体、行動パターンにも影響していますね！

満足感があるセックスは、女性ホルモンの分泌がよくなり、肌に弾力が出てきて、若返るといわれます。さらに、血中のコレステロールのバランスもとれて、善玉が増えるという報告もあるのです。脳の七〇％がコレステロールですから、これは、脳の活性化にもいいのです。

中国医学では、**安定したセックスライフは、腎精の消耗をおさえて、肺臓や脾臓にもいい影響を与える**といいます。

脾臓には、自己否定の感情がたまりやすいので、**脾臓が活性化することで、自己否定の感情が解放されますから、自己肯定感が増して、ほどよい自信があふれてくるのです。**気の流れがよくなるので、代謝も活発になり、身体のエネルギーの滞りも流れて、健康になってきます。

頭痛が治った人、リウマチの痛みが軽減した人など、最高の鎮痛作用もあるとされています。これもホルモンが関係して、満足するセックスでは、ベータエンケファリンというホルモンが脳から分泌され、これはモルヒネよりも鎮痛作用があるとされているのです。

さらに、オーガズムのときに、血中アドレナリンが上昇することで、筋肉の緊張が取れ、リラックスするので、免疫機能が活性化します。スキンシップは殺菌細胞が活性化し、防衛作用が活発になるので、風邪やインフルエンザも防いでくれます。

ここまで効用を知ると、さっそく素敵なセックスをしたくなりますね！

性エネルギーを運動・冒険・創造パワーに変換する

セックスは運動だともいえます。興奮により熱エネルギーも消費しますし、筋肉もかなり動かしますし、たくさん汗もかきます。うまくGスポットに当たって、大量の水分が出ることもあるのです。

セックスのときの大体の消費カロリーは、オーガズムが三〇分続くと、一二〇キロカロリーくらいだそうです。これは、テニスを三〇分真剣にするほどの運動量に匹敵し、健康的なダイエットになるかもしれません。

一方、この性エネルギーをそのまま運動に変換することが可能です。

実際に、思春期に性エネルギーが高まるときに、これをプラスに昇華させるのによくスポーツが奨励されます。これは、気休めではなく、ちゃんと、エネルギー変換がされています。沖縄では太鼓で踊るエイサーが格好よく変換されています。

激しい運動、踊り、祭りなど、「ナチュラル・ハイ」になる状態は、性的なハイの状態のオーガズムと生理的に似ています。運動すると、脳からドーパミン、セロトニン、エンドルフィンなどのホルモンが分泌されます。これによって、気分が高まってハイになるのです。

さらに、野外の運動で太陽の光を浴びると、脳内の松果体に刺激が加わって、体内リズムがよくなり、気分が高まるのです。

逆に、失恋を癒すのも適度な運動と太陽の光を浴びることが一番です！

セックスエネルギーは、生殖器のあたりのところからあふれ出ていて、光の色はオレンジです。

このエネルギーは、運動、冒険、恋愛、創造のパワーなので、恋愛やセックスのエネルギーだけでなく、スポーツや冒険や創造のパワーとしても使われているのです。

子どもを産むだけでなく、何かオリジナルのものを生み出しているときは、オレンジの光があふれ出ているのです。

さらに深まってくると、それは、すべてのエネルギーがあふれる最高のエクスタシーにまで高まってきます。

セックスのエネルギーは、とても奥が深いですね！

＊スピリチュアルエクスタシーで宇宙とつながる

スピリチュアルに素敵なセックスとは、お互いのエネルギーセンター、チャクラがつながって、ハート型のオーラの形になり、そのまま光のらせん状に登って、宇宙に一緒に飛んでいくような感じです。

肉体的に、精神的に、一つになって溶け合う感じだけでなく、宇宙に飛んで、異なる次元にも一緒に行けるような感じの最高のセックスは、チベットの高僧と高僧尼との最後の修行のコースにあるくらいですから、最高の瞑想状態といってもいいでしょう！

日本人の僧で、ここまで体験しているのは、有名な方では、空海さん、一休さん、親鸞さんだと思います。共通しているのは、女性にやさしく、蔑視しないで、自然体であることです。

お互いが高僧ではないのに、このレベルまでのセックスを味わえたとしたら、それはとてもすばらしい人生を送っていることになります。

男性、女性エネルギーのバランスがとれていて、潜在意識も浄化されています。きっと過去生のトラウマや、感情の解放が終わっていると思います。今回の人生が地球での最後の転生の方は、体験するかもしれません。

映画化された大ベストセラー『ダ・ヴィンチ・コード』でびっくりの情報がもたらされましたが、イエスさまはマグダラのマリアさまと光輝くすばらしいセックスをされて、子孫を残されたのだと思います。

この情報によって、長い間女性蔑視してきたキリスト教にも光がさして、女性性が復活し、女性エネルギーの流れが、個人としても全体としてもよくなってきたのだと思います。男性性と女性性のバランスがとれてきたのです。女性も夢を叶えて、社会で活躍できる、いい時代になってきました。

さらに**エネルギーが高まると、天使のように、働きに応じて、男性エネルギーと女性エネルギーそれぞれが活躍できて、イメージすれば現実化するパワーがどんどん強くなってきます。**

芸術家のピカソや岡本太郎のように、創造性の爆発がある人は、性的エネルギーも旺盛です。ピカソは若い女性と結婚しましたし、岡本太郎もパートナーの敏子さんと、創造のコラボレーションを大きく花開かせました。

愛する二人が一緒に同じイメージを創造すると、意気投合したエネルギーの状態が、脳内の幸せホルモンの大量分泌を促して、オーガズム以上のスピリチュアルなエクスタシーとなり、輝く光そのものになるのだと思います。

今回の人生でぜひ、理想的なセックスとスピリチュアルエクスタシーを体験してみましょう！

性の真理と奥義

セックスの上手・下手は、今生の体験の多い・少ないに左右されると思っているかもしれませんが、実は、とてもスピリチュアルと関係があるのです。

やたら激しくピストン運動をする男性は、あまり上手とは言えません。むしろセックスの奥義を知らないでいます。きっとアダルトビデオで習って、早く射精をすればいいと短絡的に考えているのでしょう。

本来のセックスは、ヨガのようにじっと同じポーズをとって深い部分でつながっている感覚、エクスタシーを感じることなのです。アフリカのある民族は、じっと合体したまま二時間もエクスタシーの状態を保つそうです。

セックスの奥義は、道（タオ）に通じています。人生観、世界観、宇宙観にまでつながっているのです。人生のしくみ、魂のしくみ、宇宙のしくみがわかると、深いスピリチュアルなエクスタシーを体験できます。

さらに局部的なセックスではなく、エネルギーが合体し、意識が一つになる至福体験にまで発展して、究極は、セックスをしなくても多くの人々と宇宙とつながった幸福感にまで到達できるのです。

セックスはその感覚を知るための入口なのです。

だから、好きでない人とセックスをすると、自分の世界、エネルギーがにごります。不協和音を奏でます。

大好きな人とセックスできたときには、宇宙の深いところまで飛べるのです。セックスのオーガズムのときに、私たちは、「行く、行く！」と思わず叫びます。「いったいどこへ行くのかしら？」と疑問に思っていましたが、「宇宙へ行く」の意味でした。自然に、無意識に、私たちは大切な深い真理を知っていたのです。

千賀一生著『タオ・コード――老子の暗号が語り出す』（徳間書店）というすばらしい本を紹介します。大好きな老子の本なので一気に読みました。

この老子の不思議な本には、「聖なる性の秘儀」が二重に隠されていて、それを中国雲南省の山奥の村で、実際の村人の暮らしから体感し、謎説きをしていく体験談が書かれています。

大自然のなかで、合体したまま美しいポーズでエクスタシーを体験している姿を著者が見て、深く感動する圧巻のシーンがあります。そのエクスタシーを私たちは忘れてしまっていると思いました。現代の社会が性をマイナスに捉えています。もっと楽しく大らかで気持ちのいいセックスを体験できたら、すぐにこの世もユートピアになると思います。

そして村人が大切にしているのがお祭りです。そこで村全体が一体となるエクスタシーを感じるのです。お祭りはとても大切です。自然体の自分に戻れる楽しい瞬間です。

アセンションも地球の、そして宇宙のお祭りです。波動が上がる素敵なお祭りなのです。セックスの本来の意味を思い出せたら、波動を上げるのはとても簡単なことだと思います。楽しい、明るい、気持ちのいいセックスをしましょう！

心も身体も魂も喜んで、エクスタシーのなかで、宇宙まで飛びましょう！

アセンションの時代にのびのびと宇宙を感じるセックスをしましょう！

楽しいセックスでエクスタシーチェンジ！

「旅」で自分の内からの輝きを引き出しましょう

人生の転機に旅に出る

旅は、それ自体が非日常の時空間を体験できて、気分転換になります。

人生の転機を迎えたら、旅に出ることをおすすめします。

私も振り返ってみると、大きな人生の節目にペルーのマチュピチュへの旅を四回してきました。パール色の大きな光の柱を力強く感じて、とても勇気が出ました。マチュピチュと同じパワーを沖縄の聖地、斎場御嶽にも感じてびっくりしたことがあります。どちらも自然に人生の大きな変換期のときに訪れています。

旅に出ると、必ずいろんな気づきとパワーアップが期待できます。その都度《つど》思いがけない発見があって、日常に戻ってきても、以前の自分とは違ってきているのを実感できます。

お正月に、一泊二日で沖縄から東京の明治神宮の初詣に行き、歌舞伎座の初春公演の初日を観る旅をして、とても濃い正月気分を満喫できたことがあります。

さらに翌日、東儀秀樹さんのコンサートを堪能しました。前半は古典の雅楽で、一二人が六人ずつ男女平安時代の着物を着て、雅楽の演奏と詠歌と舞が行われました。京都に行かないのに、平安時代の京都にあっという間にワープできたのです。桜と満月の舞台で、ゆったりの豪華なひと時でした。

後半は一変して、現代版のバンドと組んでおしゃれなコラボレーションを楽しめました。音が大きいのに、ノリノリで、感動しながらうっとり。プッチーニのオペラからのアリア『誰も寝てはならぬ』のあたりで、ぐっすり眠りに入りました。おかげですっかり疲れが取れて、完璧な癒しの効果を実感しました。

テレビを見てゆっくりのお正月ものんびりしていいと思いますが、あえて旅のなかでの充実したダイナミックな癒しを求めて動いてみました。

大好きではまっているものがあれば、それを味わうことで、癒されます。とくにストレスの解消は、自宅で寝ているよりも、身体を動かしたり、自然に触れたり、踊ったり、歌ったり、活動して癒されることが多いのです。

熱中して「内なる光」をスイッチオン

私たちにはもれなくすばらしい光が内蔵されています。その光を引き出すのに、大好き

ではまっているもの、熱中できるものがとても大切なスイッチになります。

ときどき、『熱中人』や『熱中時間』というテレビ番組を観ますが、いろんなものに熱中してびっくりの熱中人がたくさん登場します。

自分にとって、このスイッチで私は熱く燃えるというものがあることはとても素敵です。そのためには時間もお金も労も惜しまず、もちろん腰も軽くなってどんどん旅に出ます。**熱中している間、字の如く、熱く燃えて内蔵されている光がどっとあふれ出るのです。**そのときの自分は神々しくて大好きな心地よいひと時です。

私も熱中するためにわざわざ旅に出ることが多いです。住んでいるのが沖縄なので、どこに行くにもわざわざ飛行機に乗っての大移動の旅になります。

京都に千年ぶりのご開帳だという青蓮院門跡の国宝青不動明王像掛け軸をわざわざ見に行ったこともあります。撮影が禁止なのでスケッチをしました。

夢中で描いていると、ちょうど門主の解説があり、しかも元銀行員という方なので、時勢に合った深い話に感動しました。

不動明王の意味がわかってから、もう一枚スケッチを描いたら、さらに落ち着いた絵になりました。これを下絵にして、その上に如意輪観音を描いて、またスピリチュアルな作品ができました。

このわざわざの旅が、人生で素敵な演出効果となり、その内容に応じた光を自分のなかから引き出すことができるのです。

熱中人の旅は、自分の光を引き出して、そこから創造の世界につながっていくのです。

大好きなピアニスト、フジ子・ヘミングさんが東京でコンサートをするという情報を得て、さっそくそのために上京しました。

彼女の演奏は深く魂にまで響いてきます。二千席余りの大きなホールでしたが、二階席の真ん中でとてもよく見えました。演奏だけでなく彼女のファッションが独特で、思わずプログラムにスケッチをしたほどです。風邪を引いて鼻水が出てつらそうでしたが、お得意のリストの曲になるとリストになりきったパワフルでダイナミックな演奏に圧倒されました。スケッチの手も止まり、聞き入って深く癒され、天空に飛ぶような感覚になりました。

沖縄に戻ってから、フジ子さんのリストの『愛の夢』を聴きながら、新しいオブジェのような油絵が完成しました。ずっとインディアンの女性とホワイトバッファローの下絵のまま、いつでき上がるのかしらと待っていた絵でした。フジ子さんの演奏を聴いてからでき上がる予定になっていたのです。その油絵はさっそく沖縄での大講演会のときに、はばたけ美術協会のメンバーの絵と共に会場に展示されました。フジ子さん演奏のリストの『愛の夢』を流しながら、音楽と絵のコラボレーションを楽しんでもらいました。

音楽で時空を超える旅を

今でもフジ子さんの音楽と人生についての本に熱中しています。一九九九年二月に紹介されたテレビ番組『フジコ～あるピアニストの軌跡～』の録画を繰り返し観ています。それが自分の夢実現に直接かかわるような気がして、熱中するまま、あるがままの毎日です。久しぶりに自分でもピアノを弾くようになりました。

楽しいことに熱中していると、それが本当に実現して、ますます楽しい人生になります。**過去に起きたことでくよくよしていると、また同じようなくよくよすることを引き寄せることになります。**どうせなら、素敵な夢を現実化するほうが楽しいですね！

そして、ついでに時空を超える旅も体験してみませんか？

これはとてもシンプルです。まず時空を超えてみようと思うことです。そして、行きたい世界のイメージを精一杯思い浮かべてみましょう！

まるで連想ゲームのように、自然にイメージがわいてきます。そして、イメージのなかで本当に実感を持った旅ができるようになるのです。そのときに、好きな音楽を聴きながらイメージすると、音楽を奏でている演奏家やその音楽をつくった作曲家がつながっていた世界が感じられて、さらに自分の世界にも広がりが出てきます。

愛と笑いがいっぱいのクラシックドラマを映画化した『のだめカンタービレ』を観て、これこそ音楽から時空を超える旅が体験できると感動して、みなさんにおすすめしています。映画のなかで一緒にパリやウィーン、スロバキアに旅することができます。チャイコフスキーの序曲『1812年』のすばらしい演奏と迫力ある大砲の音を見事な解説を共に聴いて、しみじみと感じたのは、クラシックの波動を上げる効果がすばらしいことでした。**クラシック、つまり伝統的な音楽は、ずっと引き（弾き）継がれてきただけあって、人を癒し、時空を超える意識の旅を可能にするパワーを持っているのです。**

日本において、突然彗星のように現れ、晩年から急に輝きだしたフジ子・ヘミングさんの登場で、あらためてクラシック音楽のすばらしさと、夢はいつ突然叶うかわからないことを再確認できました。今では、ヨーロッパでもフジ子さんは魂を癒すピアニストとして大活躍しています。『のだめカンタービレ』の漫画、ドラマ、映画のおかげで、若い人々にもクラシックの楽しさが浸透してきて、とてもうれしいです。

旅の話から音楽へと素敵に話が発展しました。これからも、深い感動を求めて、旅を楽しみ、魂が癒され内なる光があふれる幸せをかみしめたいと思います。

あなたも自分が大好きな、熱中しているものを求めて、素敵な旅を！

女性性の解放で、キラキラ輝きが増していきます

二一世紀は女性性解放の時代

最近、輝いている女性が多くなりました。素敵な時代です。女性性が解放されてきたのです。

独身女性が多いことも、実は女性が自由に生きられるようになった現象なのです。独身で、一人暮らしで、仕事をして自立している女性は、実は、長年の夢が叶っているのです。この二千年の間、女性に生まれると、かなりつらい人生が続いていました。そのつらい人生のときに、手に職をもって、一人でも生きていけるようになりたいと心から願った思いが、今の時代に実現しているのです。好きなことをして、行きたい旅行ができて、気楽な生活を楽しんでいます。

四十歳の素敵な女性がクリニックにみえました。品がよくて、家族思いで、本当に魅力的ですが、恋愛はしたことがありません。男性がちょっと苦手なようでした。ヨーロッパ

時代に二回、江戸時代に一回女性で、かなりつらい人生がありました。まるで三色団子のように、まとめて女性の時代を解放しました。

彼女の魂さんの話では、

「過去生の三人の女性たちが、彼女の今の人生のおかげで、とても自由気ままを体験できて、うれしかった、気が済んだと喜んでいるから安心してほしい」

とのことでした。そしてにこやかに晴れやかに、本体の光に帰って統合されていきました。

そのとき、パーッと彼女のハートからまぶしい光があふれ出ました。彼女に、出てきた過去生のイメージと魂さんからのメッセージを伝えました。

「先生、うれしい、本当に、今私幸せなの。これでよかったのね。緊張が取れて、楽になりました」

と彼女の笑顔がさらに輝いて見えました。緊張していたのは、まだ、小間使いだったころ、びくびくしていた妻の時代のなごりでした。

しばらくして、男性に対して引いていたのに、「恋愛してみようかしら?」という今までになかった気持ちが自然にわいてきました。

最初に来たときと、彼女が違って見えました。若返って見えます。今の輝きなら、きっと恋愛できると思いました。

＊その輝きがいいことばかりを引き寄せる

二〇〇七年、宇宙法則の一つである「引き寄せの法則」が、世界中に広まりました。『ザ・シークレット』という本とインターネットの映像と、この本の種本だった『引き寄せの法則――エイブラハムとの対話』が大活躍しました。

私も『人生の輝き』のなかで解説しています。

この法則のなかでも、**今までの現実は過去の自分の思いが引き寄せた結果だと**いわれています。

表面意識が、今の現実を感謝で受け入れると、力が抜けて解けて中からまぶしい光があふれ出て輝いてきます。

「これでよかった、なんて私は幸せなのかしら？　ありがたい」と思うことが、次のステップへ進めるカギになっているのです。

まずは、今の状態を受け入れてみましょう！　自分が幸せでまわりに愛されていると思うだけで、温かくなり、もっと幸せな気持ちになって、泉の如く気持ちのいい光が自分の中からあふれ出てきます。万物すべてに「ありがとう」を言いたくなります。

そうなると、いいことばかりが次々と引き寄せられてきます。

引き寄せの法則が、望み通りの流れになって、良循環がまわりだすのです。輝きはますます増してきます。細胞が若返ってきます。

いつまでも、ないものねだりをして、愚痴や不平不満を言っていると、波動が下がってしまって、なかから光が出てこなくなります。

なんとなくぼんやりとした、漠然とした自分で、すっきりしないのです。なんとなく身体がだるくて、疲れやすく、若々しさが薄れてしまいます。

ため息が増えて、うつになってしまうと、ますます暗くなって、輝きがなくなるのです。

まずは、今恵まれていることを探して、ありがたいと思ってみることです。自分を抱きしめて、「大好き！」と認めてあげましょう！

受け入れることで、次のステップに必ず変われます。

母親への感謝で大変身

一カ月で三・五キロもやせて、すっきり大変身した女性を紹介します。再診のときに、スタッフも本人だとわからなかったくらいに、さわやかに自己変容されたのです。

自分を捨て育ててくれなかった母が、憎くてしかたがなかったのです。母娘三代の葛藤がある重いケースでした。

関係する過去生のイメージでは、昔の日本の風景が出てきました。里子に出した娘が、今生の母親でした。今生で、立場が逆転しています。母もこの時代とてもさびしい思いをしたのです。

「先生、腑《ふ》に落ちました。これで、母と和解できます。母に手紙を書いてみます」

もう一つは、ヨーロッパ時代でした。身寄りのない娘を育てて仕事を手伝わせていました。客との恋愛を禁じていましたが、やはり好きな人ができてしまいました。彼女は、とても怒って娘を追い出して、孤独になって後悔していました。その娘が今の娘でした。様々な過去生のヒントをもらって、彼女は納得しました。

その後、いろんな浄化があって、どんどん体重が減ってしまったのです。すっきりして、波動が軽くなって、若返りました。本当にびっくりです。

「先生、今回もデトックスがありますか？　大丈夫ですか？」と、心配そうでした。

「大丈夫よ！　こんなにすっきり軽やかになったから大丈夫よ！　マイナスに思い込んでマイナス現象を引き寄せないでね」と安心してもらいました。

「引き寄せの法則ですね。しっかりといいことを思います」

何より彼女は、母に手紙を書けたことが、とてもうれしそうでした。私も、思わずもらい泣きをしました。

今まで「お母さん」と呼べなかったのに、何度も手紙に書いて、「産んでくれてありがとう！」「生まれてきてくれてありがとう！　お母さんが生まれてこなかったら、私も生まれてこられなかった、本当にありがとう！」と感謝の言葉もたくさん自然にすらすら書けたのです。

私が代理母役を務めながら、何度も「大好き！　ありがとう！」とハグをしました。ちょうど、私の母が光に帰ったときだったので、彼女が母親と和解できたことが、とてもうれしくて、感動しました。

母との関係は、人間関係の基本になっています。

産んでくれた母へ感謝の思いを持ってみましょう！　電話をかけたり、手紙を送ったりしてみましょう！

あなた自身が歓びに満たされてキラキラと輝いてきます。

波動を上げる言葉で「スピリチュアル美人」になる

「スピリチュアル美人」という言葉の響きが素敵ですね。

表面の美しさも大切ですが、波動も高いともっと輝く女性になれます。

『国家の品格』の後に、『女性の品格』がベストセラーになりましたが、品性を磨くことに女性が関心を持ってきたのですね。すばらしいです。

やはり私たちは、意識が高まって、確実に波動が上がってきています。たくさん生まれ変わって、いろんな経験を積んできた成果だと思います。

品格を下げるものは、波動を下げるものです。不平不満、愚痴、悪口、批判は、一気に波動を下げて、品格も下がります。

どんなに高い服を着て、高い宝石をつけていても、服自体の輝きがなくなり、安っぽく偽物に見えてきます。宝石も、曇ってきて、輝きがなくなってきます。

東京時代にパーティーでその光景を見てしまい、びっくりしました。いかに人が発するエネルギーが、まわりのものや雰囲気に即影響するかをはっきりと見せてもらって、よくわかりました。**魂のレベルは、隠せないのです。**

母から、とてもいい話を聞いたことがあります。

「言葉はとても大切よ。〝わたくし〟と話し始めたら、あとは素敵な言葉になるから、覚えておいてね。それから、女性として、足も大切よ。足先はどんなに開いてもいいから、膝をくっつけておくこと」と品格のレッスンともいえるアドバイスでした。

その日、身なりは普通でしたが、品のいい女性にプラットホームで声をかけられたそうです。

「○○に参りたいのですが、こちらでよろしゅうございますか?」と聞かれたそうです。

「はい、そちらでよろしゅうございます。お気をつけて、ごきげんよう」

「ありがとうございます」

と、自然に美しい日本語が交わされて、自分まで品がよくなったようなさわやかな気分だったそうです。今でも、母のアドバイスと体験談が印象に残っています。

美しい言葉を話すことも輝きを増すのですね。

波動を上げて、キラキラと素敵に輝きましょう!

スピリチュアルに生きるとは、ただ自然のリズムに合わせることです

スピリチュアルな時代の到来

一九八五年ごろからアメリカの西海岸からニューエイジムーブメントが日本にも上陸して、いろんなスピリチュアルな本が訳されて広まりました。アカデミー賞女優シャーリー・マクレーン著『アウト・オン・ア・リム』を入門書として読み始めてから、次々にいろんな本にはまったことを懐かしく思い出します。

こんなに「スピリチュアル」という言葉が当たり前になる時代がくるなんて、本当にびっくりです。

やはり、このまま**時代はもっとスピリチュアルになって、アセンション（次元上昇）を迎えて、三次元から素晴らしい五次元の世界になっていける**ような気がしてきます。

スピリチュアルになると、頭頂部のエネルギーセンターから、紫色の光が噴水のように吹き出してきます。

セミナーで瞑想をするときに、参加者のみなさんの頭から美しい紫色の光があふれているのが見えて感動しています。

さらに、みなさんの魂がそれを喜んで、黄色やゴールドのオーラ写真が増えてきています。そして、それを裏づけるように、手や顔からキラキラの金粉が出る人が増えてきました。スピリチュアルなゴールドラッシュです！

それが高じて、全身からあふれた金粉が椅子にまで移って、それが写真に撮れるほどになってきました！　びっくりの連続を日々体験しています。

本当に面白いスピリチュアルな時代になってきました。

スピリチュアルなことが、ごく一部の人のものから、今の時代は、誰にでもスピリチュアルであることが素敵な時代になってきたのです。

＊物質ではなく心を大切にする世界に生きる

地球のアセンションという一大イベントに合わせて、スピリチュアルな流れは必然だと思います。

目に見えない世界を感じることがスピリチュアルなのですが、それを大切に日々感じると、現実の生活をもっと楽しめる時代になってきました。

世界は新しい流れのために、不必要なものが壊れて再生に向かっています。

アメリカを中心とする資本主義体制が変わろうとしています。これも予定通りです。現実的な変化もスピリチュアルになってきているのです。

目に見える現象だけを追っていると、びっくりしますが、心を澄ませて自分の心のなかに静かに入っていくと、落ち着いてきます。

それは、身体、心を通じて、自分のなかの宇宙につながれるからです。

『「新しい運命」を自分に引き寄せる本』（青春出版社）に、どのように自分の潜在意識を浄化して、波動を上げていくかのわかりやすいヒントと解説をしてみました。

あなたの潜在意識は、いかがですか？

目を閉じても明るく感じる方は、大丈夫です！

潜在意識はクリアです。奥から本当の自分の光がすでにあふれています。

そのまま毎日を楽しんで、楽々スピリチュアルになりましょう！

何だか、自分の潜在意識には、いろんな感情やマイナスの思い込みがたまっていると感じている方も大丈夫です。

きっと、自分にぴったりの潜在意識を浄化する方法が見つかります。そう思えば、お望みのものが引き寄せられて、バッチリと自分にぴったりのコースで進めます。

波動が上がって、スピリチュアルになることは、この時代に必然のことなのです。**世間に惑わされずに、自分の内面に目を向けましょう！**

リラックスして、愛深く、笑顔でいることです。自然に素敵な現象をどんどん引き寄せます。

リラックスは奇跡を引き寄せるからです。まわりがドタバタしているほど、元気に伸びやかに人生を楽しむことができます。物質主義にとらわれている人は、だんだん住みにくく感じるかもしれません。

心を大切にする世界に生きている人は、だんだん住みやすくなってきています。

スピリチュアルな生活は特別なものではない

スピリチュアルが必然を象徴するような映画を観て感動しました。ぜひおすすめします。『西の魔女が死んだ』という題名に、きっと洋画だと思って見たら、日本人ばかり登場してびっくり。なんと梨木香歩さんが書いた児童文学で、一六〇万部ものベストセラーになった作品だったのです。

しかも、日本に精神世界の波を伝えた女優のシャーリー・マクレーンさんの娘さん、サチさんが、イギリス人の祖母役で登場して、見事な美しい日本語で演じていました。十二歳まで日本に暮らしていたそうです。

中学に入ってまもなく不登校になった孫娘が、自然のなかでさりげなくとてもスピリチュアルに生活している大好きな祖母と、しばらくの間暮らすようになります。祖母は「西の魔女」と呼ばれる正当な魔女だったのです。祖母から正当な魔女になるための方法を伝授されます。

それは特別な修行ではなく、**「早寝早起き、食事をきちんととって、よく遊ぶこと、そして何でも自分で決めること」**でした。料理、掃除、洗濯、庭づくりなどを祖母と一緒に楽しんで始めます。

祖父が残してくれた野苺の畑で収穫したあと、ジャム作りをします。それをトーストに塗っておいしそうに食べます。

足で踏みながら、たらいのなかでシーツを洗い、それをラベンダーの花畑の上に干します。おひさまの香りとラベンダーの香りがするシーツになって幸せな眠りを堪能できるのです。なんておしゃれで、自然の恵みをもらいながら、とてもスピリチュアルなのでしょう！

イギリス時代の懐かしい思いがよみがえってきて、しみじみとこんな生活をしたいと思いました。

映画が終わって、またびっくり。近くの席の女性が、「啓子先生、講演会に参加したことがあります。お会いできてうれしいです」と声をかけてくれました。映画が始まるぎりぎりの時間に入ったのですが、暗闇のなかで、気配だけで私だとわかったそうです。彼女もなかなかのスピリチュアル！　一緒にランチをすることになり、映画の感動をシェアできました。

子育てが落ち着いたら、ぜひヒーリングの仕事がしたいという彼女のキラキラと輝く目に、きっと昔ヨーロッパの時代にハーブやアロマを使った「西の魔女」を一緒に実践していたかもしれないと、ふと思いました。映画が再会のチャンスをもたらしてくれました。

自然のリズムに合わせてシンプルに生きれば、もっと輝く！

スピリチュアルになることとは、そんなに特別なことではないのかもしれません。**自然の恵みをありがたく生活に取り入れて、自然のリズムに合わせて、愛と笑いと感謝でリラックスして生きることだ**と思います。

そうすれば、自然に心の目が開いて、大事なときに直感が見事に働いて、素敵な奇跡を生み出すと思うのです。

ちょうど魔女の映画と同じころに、沖縄で『ターシャ・テューダー展』がありました。

自然に生きて、自然に暮らす絵本作家のターシャさんは、九十二歳で光に帰りました。一〇〇冊の絵本をかいて、三〇万坪という広大な土地を五十七歳で購入し、すばらしい自然体のお花畑にして、大好きな自然のなかでの一人暮らしを九十二歳まで楽しく創り堪能した女性です。

彼女が使っていたパレット、ロッキングチェアー、ティーカップ、ワンピース、手作りの人形などを見ることができて、ますますスピリチュアルに生きることの真髄に触れた気がしました。

同じ時期に、素敵に生き抜いた人生の先輩の女性たちから、ヒントをたくさんもらいました。これからの人生に生かしたいと思いました。

最近では、出張先のホテルのシャンプーやリンスにも大好きなアロマ、ベルガモットとティートリーが入っていて、ほっと幸せな気持ちになります。

自然に香りの生活ができる社会になってきて、本当にうれしいです。

これからさらに、自然のなかに溶け込んだ自然豊かなシンプルな生活へ変わってくると思います。ガーデニングや畑仕事など土に親しむことで、無理なく自然からのパワーをもらってイキイキと命が輝いてくるからです。それ自体が瞑想状態となって、どんどん波動が高まり、自分のなかの宇宙としっかりつながってくるのだと思います。

スピリチュアルな人生とは、近代化することではなく、より自然体になっていくことだと、しみじみ実感しています。

シンプルでスピリチュアルな人生を楽しみましょう！

レッツ、自然体のスピリチュアルな人生を！

あなたの素敵な「魂のしくみ」にブラボー！

おわりに

この本を読んでくださって、本当にありがとうございます。

人生をさらに輝かすヒントを得られたでしょうか？

気持ちが少しでも楽になり、今までの自分の人生を受け止めて、さらに前向きに明るく人生を楽しめるようになったら、本望です。

今回、ひょんなことで、魂のしくみについての密度の濃い本を世に出せることになりました。

最初は言霊について書いていたのですが、途中で止まってしまい、今がベストタイミングではないと感じました。編集者の野島純子さんが、いつも熱心に講演会に参加してくれて、「そういえば、雑誌『トリニティ』に連載していたものをまとめた本はどうなりましたか？」と思い出してくれて、その計画が頓挫《とんざ》していたことを伝えたら、「それならそれを先にやりましょう！　言霊の本はそのあとにぜひ！」ということになりました。

まるで見えないけれど確実にある、エネルギーの彫刻をしているかのような躍動を覚えました。大幅に削ったり、付けたしたり、大胆にかつ繊細に土台となった連載の原稿をパズルのように組み合わせて、変容させて、面白い本ができたのです。

大胆に削っていくのも楽しかったですし、またこの壮大なテーマに合わせて加筆していくのも楽しかったです。

ルンルンの躍動感と楽しいエネルギーがしっかり入りこんだ本です。

この本がベストタイミングに必要な方へ届くことを祈ってパタパタとパソコンを軽快にたたきながら、これも私の「魂のしくみ」の通りなのだとしみじみ思いました。

編集会議があって、この本のタイトルが決まったというお知らせをもらったときには、びっくりしました。とくに「突然」の言葉にインパクトを感じました。きっと編集長が突然アイディアを思いついてくださったのかと思ったらやはりそうでした。「魂のしくみ」は野島さんではなくてトップのアイディアだと思ったら、やはり社長の発案でした。会議に出てなくても一緒に参加していたような一体感を味わいました。青春出版社社長、編集長、そして直接励まして支えてくれた編集者の野島純子さん、この本にかかわってくださったすべての方々、本当にありがとうございました。

さらに、約十年間『トリニティ』の連載を担当してくれた諸橋智美さんの夢が叶って、今回表紙のデザインをしてくれました。タイトルにぴったりの素敵な表紙になりました。諸橋さんもいつか連載をまとめて単行本にしたいと一緒に夢を温めてきてくれました。それだけこの本はみんなの素敵な思いが集結してできあがっています。時間をかけて丁寧に書いてきたものに、さらに愛と笑いと熱い思いが加わって、素敵な本になりました。本当にうれしいです。

ずっと応援してくれた家族にありがとう！

沖縄の煌セラの伊地代表、スタッフのみなさん、「天の舞」の新しいスタッフのみなさん、いつも応援をありがとう！

そして、あろは、アイナ、エッセンス、クラリス、スターローズ、たじま屋、天然香房、リフレックス、アバンテック、沖縄インターネット放送局などの楽しい仲間たちのおかげで、講演会、ミニ講演会、ワーク、ヒーリングセミナーなどを続けることができています。

本土では、埼玉の神辺さん、名古屋の川井さん、半田の藤井さん、松江の米澤さん、和歌山の西本先生、北海道の能登谷さん、仙台の小雪さん、宇都宮の早野さん、高知の久保田さん、久留米の山本さん、林さんご夫妻、いつも講演会やセミナーでお世話になっています。本当にありがとうございます。

クリエイティヴスクールやヒーリングセミナーに参加してくれたみなさん、本当にありがとう！

とてもたくさんの方々に支えられて、活動ができています。

みなさんの人生が、さらに輝いて幸せで楽しい毎日になりますように、ゆったりと平和で素敵な地球になることを、心から祈っています！

二〇一一年　十二月吉日

魂科医・笑いの天使・楽々人生のインスト楽多《ラクタ》ー

越智　啓子

本書は『トリニティ』（エルアウラ刊）に連載された「そのままでＯＫ」をもとに大幅な加筆、改稿を加え、まとめたものです。

著者紹介

越智啓子　精神科医。東京女子医科大学卒業。東京大学附属病院精神科で研修後、ロンドン大学附属モズレー病院に留学。帰国後、国立精神神経センター武蔵病院、東京都児童相談センターなどに勤務。1995年、東京で「啓子メンタルクリニック」を開業。99年沖縄へ移住。過去生療法、アロマセラピー、クリスタルヒーリング、ヴォイスヒーリングなどを取り入れた、新しいカウンセリング治療を行う。現在、沖縄・恩納村にあるクリニックを併設した癒しと遊びの広場「天の舞」を拠点に、クライアントの心（魂）の治療をしながら、全国各地で講演会やセミナーを開催し、人気を呼んでいる。

〈本書の内容・利用に関する問い合わせ先〉
啓子メンタルクリニック　TEL:098-989-4146
http://www.keiko-mental-clinic.jp/
〈講演会・セミナー等の問い合わせ先〉
啓子びっくり企画　TEL:098-868-9515 FAX:098-868-9519
〈オリジナルグッズ等の問い合わせ先〉
癒しの広場 なんくる　TEL:098-866-4563 FAX:098-866-4363

あなたの人生《じんせい》が突然輝《とつぜんかがや》きだす 魂《たましい》のしくみ

2012年2月15日　第1刷

著　者　越《お》智《ち》啓《けい》子《こ》
発行者　小澤源太郎

責任編集　株式会社 プライム涌光
電話　編集部　03(3203)2850

発行所　株式会社 青春出版社
東京都新宿区若松町12番1号 〒162-0056
振替番号　00190-7-98602
電話　営業部　03(3207)1916

印刷　共同印刷　製本　大口製本

万一、落丁、乱丁がありました節は、お取りかえします。

ISBN978-4-413-03829-4 C0095